學會不反應

Learn Not to Respond to Everything

屏蔽那些不重要的事，過不內耗的人生

富書——著

生活在紛擾繁雜的塵世中，你我都會不自覺地陷入盲目攀比，又或因他人的閒語和越界要求而煩惱不安。如果我們能活到80歲，那人生不過29,200天。當我們的內心被消耗自己的人和事塞滿，註定只能過一個疲憊又無意義的人生。如果你為關係所累，活得辛苦又疲憊，那是時候提升你的屏蔽力了。把那些煩人的人、煩心的事、無效的社交、無用的資訊，統統「請」出你的世界，你會迎來乾淨、透亮又有力的生活。

任何消耗你的人和事，多看一眼都是你的不對。

目錄

前言

戒掉貪欲，方為人生上策

如果你總是莫名其妙地感到焦躁，有時甚至會因為別人的一句話而焦慮很久，說明你該提高屏蔽力了。

生活中有一個三七原則：一部手機，70%的功能都是我們用不上的；一間房子，70%的空間都是閒置的；家裡的東西，70%都是不會再次使用還捨不得扔的。

很多時候我們感到焦慮，就是因為太在乎那70%不重要的，而忽略了那重要的30%。做自己的事，行自己的路，屏蔽70%不重要的，只享受那30%真正屬於自己的生活。

成功學導師安東尼．羅賓說：「把注意力百分之百集中在你要達成的目標上，而不是你所臆想的恐懼的事情上。」

我們總是太過浮躁，想得太多，做得太少，與其這樣，不如屏蔽一些不切實際的想法，腳踏實地做好現在的事情。胖了就減肥，能力不足就提升，行動起來，一切美好才會如約而至。

屏蔽自己的貪欲

莊子有云：「貪財而取危，貪權而取竭。」

要知道自己想要什麼，不能什麼都想要，當你什麼都想要時，反而什麼都得不到。

19世紀末，一名法國商人開了一家輪胎行，在他的用心經營下，小店很快發展為大公司。隨後商人又看上造船業，於是立馬成立了一家造船廠；後來又聽別人說釀酒業也很不錯，又馬不停蹄地開了一家釀酒公司……

他原本以為事業會越做越大，可不曾想，不久後他名下的公司業務開始虧損，甚至連賴以生存的輪胎企業也面臨經濟危機。

茫然過後，他決定重新開始。到一座葡萄園考察時，看到農戶們把架子上一些沒有瑕疵的青葡萄摘下來扔掉了，他覺得非常可惜：「這些葡萄看起來沒有什麼問題，為什麼要摘下來扔掉呢？」

農戶回答道：「如果不摘掉一部分葡萄，所有葡萄相互搶奪養分，不僅都長不大，而且還不夠甜。只有摘掉一些，才能讓剩下的葡萄長得更成熟，味道更好。」聽完這番解釋，商人恍然大悟，原來太過貪心，只會適得其反。

要知道自己想要什麼，然後堅持不懈地去努力、不能看到兔子抓兔子，看到野雞追野雞，看到山頭就想佔山為王。

有的人看到別人學寫作，就跟著報寫作課；看到同事在學做短視頻，又覺得做短視頻擁有紅利，又買了學短視頻制作的課；在家庭聚會時聽說表姊考取了好張職業證書，覺得自己不能輸給她，繼而迅速給自己報了名……結果因為時間、精力有限，最後都無疾而終，不僅浪費了大量的財力和精力，還陷入自我懷疑中無法自拔。

稻盛和夫曾說，人可以滿足現實，但是欲望之心永遠不會讓人們在現實生活中駐足。貪欲讓人不斷地向生活索求，甚至漸漸吞噬所有的幸福。

過多的想法容易引起不必要的焦慮和內耗，當你陷入猶豫和糾結中時，別想太多，選擇一個最重要的目標，馬上行動起來。

真正的價值不在於多，而在於少而精。少即是多，屏蔽自己的貪欲，方為人生上策。

屏蔽他人的干擾

村上春樹在《挪威的森林》中說：「不管全世界的人怎麼說，只有自己的感受才是正確的；不論全世界的人怎麼看，我們都不該因別人的干擾而打亂自己的節奏。」

奔波在快節奏的社會洪流中，我們身心俱疲，看似忙忙碌碌，卻容易在盲目攀比中迷失了方向，也常常因為別人的一句評價而迷失了自己。

看到鄰居家的孩子穿名牌，也給自己的孩子買名牌，不問孩子是否喜歡；看到一起長大的玩伴在大城市買了房，自己拚了命地也要擠進大城市，美其名曰為了孩子的教育，而不考慮自己是否扛得住生存的壓力；看到同事換了車，不管自己的車是否該換，也總想找個理由換掉⋯⋯

不要用別人的腦子思考自己的人生，不要把自己代入別人的因果。心理學上有一個叫「課題分離」的理論，即成年人要區分好什麼是別人的課題，什麼是自己的課題。

在一個實行末位淘汰制的公司，有個女孩經常擔心自己表現不好，害怕人事主管會給她的績效打不合格的分數，她焦慮得無法好好工作。同事跟她開玩笑說：「我覺得人事主管應該分一些薪資給你。你一直在操心人事的事，卻沒有做好自己的工作。」

判斷一件事是誰的課題，有一個簡單的準則：**誰承擔直接的後果，那就是誰的課題。**

林語堂曾說：要有勇氣做真正的自己，單獨屹立，不要想著去做別人。別人的成績與我們無關，我們要做的是自己的成績。不要羨慕別人，屏蔽他人的干擾，專注做好自己的事。

提高屏蔽力，向內觀

林清玄曾說：「花兒要開花，是為了完成作為一株花的莊嚴使命，不管世人怎麼看，它都要開花。」

這個世界看似泥沙俱下，但你若清澈無瑕，世界就乾淨無瑕；你若簡簡單單，世界就難以複雜。

如果你屏蔽力不足，就會在不知不覺中浪費大量寶貴的時間，消耗本來就不多的熱情和精力。

一直向外張望的人，走不好腳下的路。我們到底該怎麼做到「向內」生活呢？

第一，在鬧市中讓心靜下來。

曾國藩曾說：「人心能靜，雖萬變紛紜亦澄然無事；不靜則燕居閒暇，亦憧憧亦靡寧；靜在心，不在境。」

浮躁不安，只會讓自己飄浮在空中，忽略真實的生活。靜下來，雜念和欲望就會減少，心就會因此而安定淡然，不會因為欲望得不到滿足而心煩意亂、惶恐不安。

第二，切斷一切消耗源。

進步，是決定停止做什麼。

對於普通人來說，時間和精力是我們最珍貴的資源，任何浪費時間和精力的事情都應該被我們屏蔽掉。例如，屏蔽那些容易引起恐慌的新聞，卸載所有非必要和無用的社交軟體，在最大範圍內保證自己做事情時的專注度。

關注任何一件事之前，先問問自己：這件事對我的成長有好處嗎？如果沒有，那就屏蔽。

第三，抓重點提升自己。

木桶效應講的是，一只木桶能裝多少水，完全取決於最短的那一塊木板。木桶效應提醒我們補足自己不足的重要性。只有屏蔽無效的社交、努力和資訊，才能實現對時間的充分利用，找出缺點，改進缺點。

當我們自身發光發熱的時候，一切美好都會不期而遇。高能量的人都懂得把精力和時間花在對自己最重要的事情上。屏蔽無用的資訊，屏蔽過多的想法，屏蔽別人的干擾，**屏蔽不中聽的話。與其費盡心思揣摩他人，不如努力討好自己。**

過於關注別人的人，往往丟掉的是自己的人生。屏蔽力是一個人頂級的能力，任何消耗你的人和事，多看一眼，多糾纏一點，都是對生命的浪費。

第一章

不懂屏蔽，
精神內耗變成常態

＊ ＊ ＊

人在管理自我的時候需要消耗心理資源，當資源不足時，人就會處於內耗的狀態，長期如此會讓人覺得疲憊不堪。由於精神拉扯，很多人被生活和工作裹足不前，不知不覺地在自我的圍城裡蹉跎終生。

你還深陷情緒囹圄，卻在學習取悅別人

花姐氣紅了眼，拉著我吐槽她的部門經理。

專案組開評審會，久未露面的部門經理居然出現了，並且一上來就揪著幾個小問題不放，一連幾問，咄咄逼人。花姐只好從頭一一解釋。

花姐對部門經理是有些生氣的：平時從不幫下屬解決工作難題，甚至都不露面，偶爾出現還只會指指點點。關鍵是，部門經理問的這些常規問題本來都是按照預設規則處理的，大家對此都心知肚明，只是因為部門經理太久沒關注下屬的工作，所以不知道罷了。

花姐的解釋並沒讓部門經理滿意，反而換來了一連串的「不是」「不對」「你應該」「你必須」。這些否定詞頻繁切斷花姐的發言，使她欲哭無淚。部門經理似乎只是想反對她，哪怕自己的表達都自相矛盾，再加上她態度強硬，語氣

冷淡，最終成功地把花姐激怒了。

花姐索性閉了嘴，任憑部門經理一個人滔滔不絕。她聽得煩躁，忍不住開始神遊。花姐想起部門經理曾經把一個同事逼得哭花臉，她的一個室友也因受不了她的壞脾氣而搬了家。她經常因做事越界或給他人添麻煩而被身邊的同事嫌棄。部門經理的低情商已經讓身邊的人都招架不住了。

花姐煩躁，然後內心埋怨部門經理：「難道你就不能學學好好說話，你知不知道大家都討厭死你了！」她完全沉浸在自己的壞情緒裡，把部門經理的話統統擋在大腦之外。

聽花姐嘮叨一通之後，我問她：「如果你們部門經理沒有激怒你，而你也聽進去了她的話，那你覺得她說得對嗎？」花姐一下子愣住了，她突然意識到，自從被部門經理激怒之後，她就只沉浸在自己的壞情緒裡，根本無心細想那些話的對錯。

等到花姐冷靜下來，仔細琢磨部門經理的話時，花姐的一肚子氣便消化了一大半，因為她發覺專案組之前確實忽略了很多細節，尤其是部門經理提到的最後一點。天哪，部門經理的話雖然讓人極不舒服，但竟然不無道理！

如果你因為對方差勁的說話方式和態度而氣憤不已，忽略了好的建議，不是得不償失嗎？你不才是那個被壞情緒困住，從而喪失理智、充滿偏見、無所作為的人嗎？

儘快擺脫壞情緒讓自己高興起來，進而避免受到無意義內耗的干擾，這也是提高情商的一部分，而且是重要的一部分。那麼，如何才能快速把自己從壞情緒中撈出來呢？

不是抵抗、壓抑，更不是戰鬥，**我們不需要和壞情緒短兵相接，而是理解它、接納它，然後溫柔地照顧它，讓它變回溫順的模樣。**

第一，諦聽內心，發覺全部情緒。

如果意識是大腦的客廳，潛意識就是大腦的地下室。當我們忽略和抵抗情緒時，就是強行把前來作客的壞情緒堵回地下室。而日益增多的壞情緒早晚擠爆地下室，那時我們的潛意識就會發生混亂，它會大肆干擾意識，讓大腦失控。

如果我們對待情緒能像母親對待孩子一樣，總能及時覺察孩子的異樣，無論孩子遭遇什麼都不放棄他，對他說「寶貝，讓我好好照顧你」，然後抱著安撫他，那麼被這樣對待的壞情緒就有了被治癒的可能。

因此，想要治癒情緒，你必須擁有敏銳的洞察力，能夠及時發覺內心的委屈和抗拒。你可以嘗試把注意力放到身體內部，然後放鬆身體，讓身體節奏變慢，一旦慢下來並向內感知，你就能察覺到更多內心情緒的細節。

第二，深觀情緒，分析背後的原因。

每一個壞情緒的產生其實都可以理解為自我認知的破壞。當我們感覺那個熟悉、美好的自己被破壞時，壞情緒就來了。

委屈，可能是因為你發現自己的付出不被認同，那個自認努力的自我被打破了。當你感覺委屈時，就想想哪些付出沒有收到回報。

焦慮，可能是因為你發現自身能力不夠，那個自信滿滿的自我被打破了。當你感覺焦慮時，就想想自己存在哪些問題和不足。

自責，可能是因為你突然覺得自己是個無用的人，那個攻無不克的自我被打破了。當你自責時，想想哪些事情讓你感覺挫敗。

生氣，可能是因為你認定別人犯了錯，那個自認為被善意對待的自我被打破了。當你感到生氣時，就仔細想想別人的哪些行為激怒了自己。

嫉妒，可能是因為你發現被原本不如自己的人比下去了，那個自認為優秀的自我被打破了。當你嫉妒時，想想別人哪些地方比自己強。

關注每一個壞情緒背後的「故事」，你自然就能找到情緒的「病因」。

第三，學會五大方案，有針對性地處理情緒。

1. 釋放情緒：有時候我們會因為誤解而產生情緒，當瞭解真相時自然就釋懷了。真相可能是故事的另一面，也可能是被有限的格局掩蓋的「新視野」。所以，讓自己更包容、開放地去為人處世，有助於保持好情緒。

2. 昇華情緒：把消極情緒轉換為積極情緒，比如把壓力變為動力。

3. 原諒自己：對於他人導致的問題，不再責怪自己。學會課題分離，明白用別人的錯誤懲罰自己是愚蠢的行為。

4. 消解情緒：解決壞情緒背後的問題。壞情緒的根源被解決了，壞情緒自然就消失了。

5. 接受結果：對無能為力的事情，做最壞的打算，盡最大的努力。

下面透過一個事例來解釋上述方法，以便學以致用。

事件：小李辛苦加班一週整理好了工作報告，考核時被直屬上司否定，理由是彙報資料不全。直屬上司介紹了她的工作方式，並強行讓小李按照她的方式重新整理。老闆也認可直屬上司的評價，換句話說，小李的辛苦工作被全盤否定了。這導致小李的心情跌落到了谷底。

小李可以試著這麼做：

第一，聆聽自己的心聲，發覺全部情緒。

小李感覺胸口很悶，心情就像灰色調的油畫，畫中的玫瑰渲染得再豔麗，也無法掩蓋灰色基調帶來的沉重感。她安靜地坐下，放鬆自己，友善地和壞心情打招呼：「嘿，老朋友，好久不見。你好像不太好，到我這裡來，讓我好好照顧你。」這樣的心靈對話能夠讓小李很清晰地感受到自己所有的情緒。

首先是生氣，跟在生氣後面的是委屈和挫敗。小李閉上眼深深回歸內心，於是發覺還有羞澀、失望、迷茫、自責和焦慮等。這些情緒老朋友們一一登場，坐滿了小李的心房。

第二，深觀情緒，發現每個情緒產生的原因。

小李深呼吸，放緩自己的身體節奏，然後在心裡向每一個壞情緒問好，耐心詢問它們發生了什麼事。壞情緒們七嘴八舌地說開了：

1. **生氣**說：「他們怎麼就想不通，總是不明白我做的和他們想要的一樣！」

2. **委屈**立馬補充道：「一想到一週的努力都泡湯了，我就欲哭無淚。」

3.「就是，被別人否認，真覺得自己很失敗」，**挫敗**的頭都要低入塵埃裡了。

4.「直屬上司並沒有仔細看我寫的工作報告，就說我準備的資料不全，這完全是主觀臆斷！」**冤枉**也不甘示弱。

5.「我發覺直屬上司的工作方式比我的方式更可靠。」**慚愧**和**自責**達成一致。

6. **失望**又補一刀：「一想到直屬上司和我年齡相當，卻在自己的專業領域裡更加出色，我就好難過。」

7. **焦慮**也連連點頭：「回想自己的工作生涯，雖然涉及很多工作領域，但是似乎並沒有一個專長，自己真的沒有安全感。」

8. **迷茫**仰天長嘯：「我的強項是什麼？我喜歡什麼？我究竟要在哪個領域深入發展？」

第三，處理情緒。

小李清晰地「聽到」了每一個情緒的聲音，她開始一一處理。

1. 針對生氣：小李認為自己沒有用上司的語言體系表達，而只說自己熟悉的詞彙，如同雞同鴨講，上司不理解也很正常。站在上司的立場上，瞭解了她的感受，小李自然就不生氣了。（換一個角度看問題，就更能理解對方的立場。）

2. 針對委屈：不是所有的努力都能有回報，錯誤的努力本來就得不到回報，因此自己沒必要感到委屈。（用高格局看待問題，釋放情緒。）

3. 針對挫敗：小李仔細對比了自己和上司的理念，完全一致。她按照上司的高要求檢查了一下自己的工作，發現沒有遺漏，因此上司不認可自己是上司的錯誤。小李明白了：「不是我不行，只是上司誤解了，我不是能力不足，無須感到挫敗。」（深入瞭解自己的能力，消除自我誤解。）

4. 針對冤枉：直屬上司這麼武斷，是她的錯。自己無須因為別人的錯來苛責自己，因此小李對自己說：「我還是我，不會因為他人的錯誤評價就懷疑自己的全部。」（不因為別人的錯誤而苛責自己。）

另外，小李決定吸取教訓，不臆斷他人。這是新的收穫，小李為這一點感到開心（情緒昇華）。小李還發現，即使是上司也會武斷行事，真是人無完人，她更覺得無須妄自菲薄，心態也一下子變得更寬容、更坦然了，這也是新的收穫。（情緒昇華）

5. 針對慚愧和自責：小李承認直屬上司的工作方式好，決定向她學習。一想到自己又能進步了，小李非常高興。（情緒昇華）

6. 針對失望：小李接納現在的自己，對荒廢時光這件事也坦然接受，因為時光一去不復返，再也追不回。但是，小李制訂了一份詳細的計畫，準備用未來兩年的時間惡補，來挽回過去因荒廢時光造成的損失。（接受結果並盡最大的努力挽回損失。）

7. 針對焦慮：小李開始反省自己的不足。她發覺自己不善於總結經驗，也不善於向別人學習。於是她開始每天寫一份當日總結，記錄當天的進步。另外，一旦發現別人有不一樣的工作方式，就做一份對比報告，學習別人比自己好的地方。（解決情緒背後的問題）

8. 針對迷茫：小李對自己再次定位，並制訂了職業規劃，對未來更堅定，更有方向感。（解決情緒背後的問題）

至此，小李的情緒都被處理了。

善待自己的情緒，就是善待自己的身體

結婚才五年的曉慧得了乳腺癌。

五年前，在家人的催促下，她嫁給了我們的同事汪平，當時大家都覺得兩人滿有緣分的，誰知道這竟然是一段孽緣。

公司的年輕人很多，經常玩在一起，各自的情況大家都很熟悉。汪平當時交了一個女朋友，但是家裡人一直反對，而曉慧心裡也一直暗戀一個人，一直沒有表白，直到對方結婚。朋友們開玩笑說：「乾脆你們倆在一起算了，反正知根知底的，條件都不錯。」

雖然是玩笑，曉慧卻上了心。她和汪平約定，以一年為期，如果汪平與家人的抗爭不成功，他們兩人就結婚。

一年後，他們真的結婚了。

剛開始，兩人的關係很好，還經常來參加聚會，後來漸

漸地，兩個人都不常來了。有時能見到汪平一個人來，而且只要曉慧電話打來，很多時候都會被汪平掛掉。在汪平掛掉之後，朋友中總有人再接到曉慧的電話，詢問：「汪平和你們在一起嗎？」直覺告訴我們，兩人之間出了問題，他們倆不說，我們也默契地沒有追問。

直到這一次公司例行體檢，曉慧查出了乳腺癌。曉慧崩潰大哭，大家才知道，原來汪平一直沒有斷掉與前女友的聯繫。結婚時，礙於父母的態度，汪平有所收斂；兩人搬家後，汪平就有些過分了，三不五時不回家。

曉慧是個倔強、愛面子的人，關於這些事她不願和別人說，也不願讓寡居的母親擔心，沒有提出離婚，把所有的委屈都藏在了心裡。這麼多年，抑鬱、悲傷與痛苦全部累積在她的心裡，無時無刻不在攻擊她的身體。

醫生說，曉慧的病與她的情緒有關。我小時候聽過伍子胥一夜白頭的故事，總不大相信好好的一個人，怎麼可能在一夜之間全白了頭髮。看著病床上的曉慧，頓時覺得，負面情緒真的太可怕了。

有研究表明，當消極情緒產生時，最先被攻擊的是身體的免疫系統。長期的消極情緒積壓會導致免疫力下降，導致身體抵抗力降低，疾病就來臨了。

有關情緒對身體的影響，《黃帝內經》中早有記載：「怒傷肝，喜傷心，思傷脾，憂傷肺，恐傷腎。」

不同的負面情緒，攻擊著不同的人體器官。都市白領生活壓力大，常存在偏頭痛等症狀，這是因為恐懼和緊張的情緒影響了腎，而腎主導泌尿系統及腎上腺素，它影響人的精氣神。當人心事重重時，會茶飯不思，這是因為人多思，影響了脾胃。

對女性來說，子宮和乳腺方面的疾病與情緒密切相關。情緒暴躁的女生易得子宮肌瘤，卵巢功能衰退；經常生悶氣，乳腺方面的毛病就會找上身，容易出現乳腺增生和結節等症狀。

中醫理論常用「氣」「心」來解釋百病生的原因：「百病生於氣」「百病由心生」。「氣」與「心」與人的情緒密切相關，情緒不佳、情志不遂，會造成氣血、經絡不通。通，則不痛；痛，則不通，病就來了。人們常說：「身體比嘴巴更誠實。」儘管你嘴上不說，但你的所思所想、情緒起伏一點不落地被身體忠實地記錄了下來。生病，就是這些情緒蓄積到極點後身體發出的吶喊。一個人開心、喜悅，其身體會呈現出向上舒展的姿態；反之，一個人沮喪、失落，其身體也會如秋天的枝葉，僵直無生氣。

現代人都特別注重養生，期盼健康長壽，於是辦健身卡、喝枸杞茶、吃大量補品……卻往往忽視對情緒的呵護。**其實惜命最好的方式不是養生，而是管理好自己的情緒。**

負面情緒產生的原因

有個老婆婆，她有兩個女兒，大女兒賣雨傘，小女兒賣草帽。天氣好的時候，她擔心大女兒的傘不好賣；下雨的時候，她擔心小女兒的草帽不好賣，所以她每天都很痛苦。

有人跟她說：「你為什麼不在晴天想想小女兒的草帽賣得好，下雨天想想大女兒的傘賣得好呢？」老婆婆一想，可不是嗎！從此她生活得很幸福。無論晴雨天，她都很開心。

可見，**負面情緒產生的真正原因，不是事情本身，而是人們對事情的看法和態度，以及所持有的觀念。**

這讓人想起費斯汀格法則，即生活中發生的事情只有10%是自然發生的，而剩下的90%都源於我們對事情的反應。

日本作家渡邊淳一在他的書中曾記載了這樣一個故事：初出茅廬的渡邊淳一曾參加過一個文藝沙龍，認識了一位很有才華的作家A。作為同一批剛入行的作家，他們都遇到過被編輯退稿的事。

渡邊淳一對退稿一事很看得開。他說，在那種時刻，只能靠說「那個編輯根本不懂小說，發現不了我的才能，真是一個糟糕的傢伙」來安慰自己，同時跑到東京新宿便宜的酒吧，埋頭喝悶酒。酒醒之後，又重整旗鼓。

而自恃才高的A卻被退稿打敗了。確切地說，是被退稿後的負面情緒打敗了。「他不是撓頭就是嘆氣，一副陰鬱黯淡的神情，根本沒有創作新作品的欲望和鬥志。」

對待同一件事，不同的人有不同的反應和情緒，而同一個人用不同的角度去看問題，也會有不同的心境。所以，管理自己的情緒，一定要學會轉變思維，要意識到情緒和脾氣都是可控的，是可以透過後天的訓練和學習去改變的。

我們可以嘗試透過以下方法，來提升自己控制負面情緒的能力。

1. 培養鈍感力

有時，內心的波瀾、情緒的起伏，往往源自自己面對外界時的過度敏感。別人沒有及時回覆訊息，就擔心是自己說錯了話；面對上司怒氣沖沖的眼神，就擔心是自己犯了錯……

或許事實並非如此。

一切負面的感覺，可能只是你太敏感多慮所致。別人沒回訊息，可能只是因為沒有及時看見；而上司生氣，可能只是在生他自己的氣。

渡邊淳一提到的「鈍感力」，是對付敏感的好辦法。所謂鈍感力，就是遲鈍之力，也就是要從容面對生活中的挫折和傷痛，而不要過分敏感。通俗地說，臉皮要厚一點，度量要大一點，感覺要遲鈍一點。

2. 轉移注意力

電視劇《武林外傳》中郭芙蓉就是一個脾氣很暴躁的人，經常發一些無名之火，傷及無辜，她為此很苦惱。秀才給她出了一個主意，讓她經常默唸：「世界如此美好，我卻如此暴躁，這樣不好，不好……」幾次之後，郭芙蓉發火的次數逐漸減少。這就是透過轉移注意力來控制情緒。

除此之外，也可以用數數來轉移目標，也可以迅速離開現場，來控制自己發脾氣。

3. 養成鍛鍊身體的好習慣

研究表明，運動會產生多巴胺，這種因子會讓人感到快樂。透過運動，我們可以促進體內的多巴胺分泌，消散大腦中的負面情緒。當情緒平順了，心態陽光了，身體也會如枯木逢春，重獲生機。

詩人陸游曾說：「心安病自除。」65歲的醫生張雷，透過游泳戰勝了癌症，還成了游泳冠軍。在她的抗癌經驗中，「不慌」就是她的法寶。「不慌」，就是情緒平和，坦然面對病症。

樂觀的心態和平和的情緒勝過治病的藥石，所以愛自己，不光要愛自己的身體，還要關照自己的心情。身隨心而動，不勉強自己，不為難自己。美國生物學家威廉·弗雷說過：「強忍住自己的眼淚，就等於慢性自殺。」

認真，而不較真，大起大落之時，裝一裝「糊塗」也未嘗不可。理智的「糊塗」化險為夷，聰明的「糊塗」平息矛盾。

生活很美好，人間也值得。你能自救，才能得到命運的救贖。

你的內耗，正在拖垮你的人生

「他回我訊息晚了一點，他是不是不喜歡我了呀？」

「我一不小心對上司稱『你』，而不是『您』，他會不會對我有意見？」

「連這點事情都做不好，我是不是註定是一個失敗者？」

在現實生活中，很多人每天都在上演著各種內心戲，自我衝突不斷，陷入無止境的精神內耗。

心理學上對「內耗」的解釋是：**人在管理自我的時候需要消耗心理資源，當資源不足時，人就會處於內耗的狀態，長期如此會讓人覺得疲憊不堪**。很多人由於精神拉扯，被生活和工作裹足不前，不知不覺地在自我的圍城裡蹉跎終生。

你的內耗，正在拖垮你的人生

上學時我有一個「學霸」閨蜜，原本有能力考上明星大學的她最後只考上了次級的大專院校。

她跟我分享了當時的經歷。

她上初中時，考試成績常年排名第一，是個名副其實的「學霸」。她被同學羨慕，被老師欣賞，享受著這份精神上的優越感。

進入高中後，來到一個更大的環境。身處眾多的優秀者中，她變得不再那麼搶眼。她開始擔心自己在老師心目中的「地位」，時刻關注著老師對自己的關注程度。上課時，她害怕老師不叫自己回答問題，擔心自己無法獲得老師的「寵愛」。

這種過度的憂慮在她的心中不斷拉扯，導致她聽不懂老師講的內容，成績慢慢開始下滑。她無法得到老師的偏愛，成績變得慘不忍睹，在寂靜的夜晚躲在被窩裡悄悄流淚。傷心難過了一段時間之後，她開始透過幻想來獲得內心的慰藉，幻想著成績又名列前茅了，腦子裡還時常浮現被老師表揚的場景。她在憂慮和幻想之間游離，成績沒有好轉，高考只考上了一所次級的大專院校。

她所有的能量和心智都被內耗佔據，原本應該用在學習的專注力被消耗殆盡。不切實際地幻想並不能讓她從止步不前的泥坑中爬出來。

世間萬物，皆有因果。

在虛幻世界裡的無謂掙扎，永遠無法改變現實中的結果，只會徒增煩惱。

如果你的能量有80%用於內耗，只有20%的能量用於好好生活，自然疲累。**當我們停止內耗，把目標放在重要的事情上，然後一步一個腳印地去行動時，就會驚喜地發現憂慮早已不復存在。**

把目光放在自己身上

網路上有個話題：「掙脫他人的目光，是種什麼體驗？」

有個答案很戳心：「當我的目光不在他人身上，而在自己身上時，生活就逐漸明朗起來了。」

是啊，生活中總是有太多的人習慣活在別人的嘴裡，畫地為牢，而有的人從來不讓別人的嘴來決定自己的人生，始終牢牢地把命運握在自己的手裡。

演員趙麗穎曾在《星空演講》中提到，她是一個從否定中成長起來的演員。她演了11年的戲，前7年一直在演各種配角。在這7年裡，她不斷地聽到各種質疑的聲音，比如圓臉的演員演不了主角。但是她沒有淹沒在別人的聲音中，她不認為一個演員的價值是用臉型來定義的。她默默地在每個角色的塑造上下功夫，等待機會出現。她一直沒有停下前進的腳步，一年365天，她在劇組要度過300天以上。皇天不負苦心人，她現在成了大眾喜愛的一線女演員。

《增廣賢文》中有一句話：「誰人背後無人說，誰人背後不說人。」質疑的評價、否定的聲音無處不在。當你落魄不堪時，別人對你的評價多是否定的；當你風生水起時，別人的眼光多是認可和恭維。別人對你的評價只會基於他所看到的現在的你，你想要的尊重和褒獎是靠你腳踏實地去一點點堆積起來的。**自己的價值永遠是靠自己創造，而不是由別人的評價和眼光決定的。**

漫漫人生路，不被他人的評價左右，遵從自己的內心，朝著目標一點點行進，才是正確的生活姿態。

把精力用在對的地方

內耗的人都有兩個「自己」，一個「自己」想要努力往前走，另一個「自己」則拚命扯後腿，站在原地不動彈。想要跨越這種阻礙，獲得內心的自由和無限的能量，不妨借鑑以下3種方法。

第一，區分事實和觀點，養成獨立思考的習慣。

在人際交往中，我們總是把別人的看法看得異常重要，以至於它就像一個無形的牢籠，時刻束縛著我們的思想。

很多時候，每個人的看法都或多或少地帶有主觀色彩，都是以自己的好惡去評判別人的好壞。「評判」和「看法」都屬於主觀觀點，有時並不是事實，缺乏客觀和公正性。

因此，面對別人的評價，要學會從更大的角度去區分觀點和事實，以免被帶偏。如果對方說的是事實，我們就虛心接受，有則改之，無則加勉。只有這樣，你才不會被外界影響，才能把大部分精力用在提升自己上，才有更多能量去追求事業上的成就。

第二，提高執行力，用行動對抗焦慮。

正如作家松浦彌太郎所說：「那些經常困於不安和焦慮的人，往往有對未來想太多的毛病。」很多時候，**煩惱和焦慮的產生，就在於我們想得太多，做得太少。**

還沒行動，就擔心前路太坎坷，害怕過不了難關，思前想後，終究一事無成。事實上，沒有行動，你遇到的所有的挫折、困難和失敗都是臆想。只有行動起來，你才會得到外部真實有效的回饋，有問題就去改進，有障礙就去跨越。這時候開始的恐懼和擔憂就會被滿足感所替代，從而生長出一往無前的信心和勇氣。漸漸地，你與他人的差距會逐漸拉開，想要的未來也會慢慢抵達。

第三，擁有接納自我的勇氣，敢於直面恐懼。

很多人對自己的不完美耿耿於懷，終其一生無法接納自己的平凡。但命運從不會厚此薄彼，當它為你關上一扇門時，也一定會為你開一扇窗。而要找到這扇窗，前提就是要接納自己。

接納自己並不是向自我妥協，對命運俯首稱臣，而是學會放下，對自己的不完美釋懷。接納自己的不完美，勇敢揭開困擾內心已久的傷疤，拒絕在無意義的事情上消耗時間和精力。只有這樣，我們才能挖掘自己更多的可能性，開啟人生的新大門。

＊＊＊

心理學家武志紅曾說：「我們的思維像孫悟空一樣，一個筋斗可以翻越十萬八千里，而身體就像唐僧一樣，必須腳踏實地才能到達西天取經。」

深陷焦慮、擔憂、精神內耗，會一點點將能量消耗殆盡，讓自己成為行動上的矮子。

我們最大的敵人其實是自己的內心。被精神內耗裹挾的內心就像一匹掙脫韁繩的野馬，令我們心神不寧。

不把過多的時間和精力花在糾結、焦慮上，是成年人最大的自律。任何時候，**你都是自己內心苦痛的製造者，也是唯一的終結者。**

願你能減少內耗，收穫快樂和自洽，擁有一個自己說了算的人生。

少做任意索取的加法，多做當斷則斷的減法

美國作家萊迪·克洛茨曾提出一個發人深省的問題：「為什麼有些東西不能使任何人的生活變好，卻不將它們去除？」

的確，人們常常陷入一種思維誤區，以為擁有的越多，可選擇的就越多，出路也就越多，於是，什麼也不肯丟下，什麼也不肯放手。然而，真正能讓人走遠的，不是任意索取的加法，而是當斷則斷的減法。

敢於取捨，果斷割捨，才是一個人強大的開始。

真正厲害的人，都懂得割捨這3點：社交太雜、目標太亂、物欲太重。

社交太雜，浪費時間

作家李尚龍的經歷，讓人印象深刻。

李尚龍在上大學時，酷愛社交，他參加了三個社團，每次社團活動必有他的身影，他還熱衷於留別人的電話號碼，將其當作炫耀資本。

一次，李尚龍結識了一位老師，聽說老師在晚上值班，便特意在那個時間提了兩袋水果，去和老師拉近關係。他寫申請需要介紹信時，滿懷期待地請這位老師幫忙，只得到冰冷的兩個字回覆：沒空。

多年後，李尚龍成為一名英語老師，在深夜接到這位老師的電話。一陣寒暄後，老師才表明自己的真正目的——讓他推薦一位可靠的老師，給自己的孩子上課。

這位老師曾拒他於千里之外，如今卻笑臉相迎，有求於他。這時，李尚龍才如夢初醒，**一切有效的社交都建立在等價回報上，不能給對方回饋價值的社交，不過是無效社交。**

生活中，有多少人和上大學時的李尚龍一樣，癡迷於找人脈、混圈子，想掌握更多資訊，獲得更多好處，最終卻一無所獲？

很多人信奉「多個朋友多條路」，於是遊走於各種各樣的社交場合，四處結交「朋友」，誤以為那就是人脈，那就是多出來的「路」。但真正的「路」都是建立在自身優秀的前提下，否則這種情誼就是酒桌上的虛情假意，人們戴起面具的逢場作戲。

社交不是越多越好，相反，社交太雜、太盲目，反而會使人忘記提升自身價值，陷入「唯社交論」的誤區。

每個人的時間都很寶貴，正因如此，我們才要把時間和精力花在更加值得的人和事上，趁早學會精減無效社交。

目標太亂，浪費精力

有一段時間，我得了神經性耳鳴，苦不堪言。從心理層面來看，這跟我想要的太多有很大關係。

在上班的同時，我還要兼顧寫作、做自媒體這些事。其實，我也明白自己的精力和時間有限，只能專注於一個領域，但我盲目地自信，認為自己能同時把幾個領域的事情做好。結果，那段日子的我不停趕場，寫作時，本應靜下心來好好做選題、寫架構，但我寫著寫著，又想著自媒體該更新了，於是又慌亂不已地隨便寫一些內容，湊合著更新。

就這樣，想達成寫作的目標，也想完成更新自媒體帳號的任務，於是，我經常在趕來趕去中忙到半夜才睡覺，而這又導致我白天上班時哈欠連天，眼睛酸澀。直到有一次工作時，我誤報客戶的資訊，造成了嚴重的工作失誤，被老闆劈頭蓋臉地一頓罵……再後來，由於睡眠不足、作息不規律，我整個人每天都太過緊張，導致我耳邊總有一個聲音嗡嗡作響，它彷彿扎了根，趕也趕不走。最後看了醫生才知道，我患上了神經性耳鳴。

分身乏術的我最終什麼都沒兼顧好，一敗塗地。寫作沒有寫出好成績，自媒體也沒有做出成果，最後還要賠上醫藥費治病。

我的經歷，何嘗不是很多人的真實寫照？想擁有的越多，越一無所有，想兼顧很多領域，到頭來落得一場空。

目標並非越多越好，它是成事的底牌，但不是成功的關鍵。

成功需要你逐漸剔除雜念，知道把重心放在哪個地方，知道該捨棄哪些人和事，而後做到精準發力。如果你的野心很大，想快速成功，這固然沒錯，但不能不顧及實際情況，人無法一口吃成個胖子。不懂得精簡目標，量力而行，只會付出更多代價，得不償失。

物欲太重，耗費心神

在紀錄片《生活的減法》中，整理師夏夏遇見一個讓人印象深刻的屋主。夏夏剛走進屋主的房子，就被眼前的情景驚呆了：家中的物品胡亂疊放，毫無落腳之地，走進臥室，衣服堆成小山，堪比垃圾場。

房主說，她為了搭配衣服，經常買下一款鞋子的所有顏色。這一瘋狂舉動遭到全家的反對。可就算遭到反對，她仍然做賊一樣偷著買，並藏在各個角落。直到有一次，屋主女兒蹦蹦跳跳，哼著小曲走了一路，可回家後，瞬間滿臉愁容地說：「我們家的東西太多了，好亂呀。」

那時，屋主突然發現，自己上癮的物質欲給家人帶來了許多煩惱。於是，她便請整理師上門幫自己斷捨離。

斷捨離的過程可謂艱難萬分，可一想起女兒，屋主還是咬咬牙，扔掉所有雜物，用這種方式來克制物欲。斷捨離，不只在割捨物品，更是在割捨內心的欲望。其實，對於屋主來說，扔掉房子裡的雜物只是斷捨離的第一步，降低對物質的欲望才是斷捨離的關鍵。唯有斬斷對物質的過度欲望，才能從容不迫，真正過好當下的生活。

讓人感到很慶幸的是，紀錄片的最後，兩個月後，房主的家中乾乾淨淨，沒有新添衣物。她成功地克制住了物欲，告別了凌亂不堪的生活。

紀錄片《人類》中有一句話：「我們創造了很多不必要的需求，你不得不一直買東西，然後又丟棄，這就是我們揮霍的人生。」

過多的物質可以彌補我們內心的空虛，換來幾分心安。但當物品蒙了灰，變成一堆廢品時，你還會覺得這些消費真的有意義嗎？**如果無力抗拒內心的物欲，那麼無論擁有多少物質，日子都很難變得有滋有味。**

＊ ＊ ＊

很贊同一句話：「不是所有的事都適合你，也不是所有適合你的事都該去做。八條線拴著你，你能跑多遠？」欲望永無止境，所求之物永無盡頭。唯有用破釜沉舟的毅力，篩選身邊的人和事，方能走得長遠。

精簡社交，才有精力專注自我，積累資本；精準目標，才有時間求真務實，有的放矢；精選物質，才有心神梳理自己，活好當下。

所有成功的背後都藏著孤注一擲的決心和一條路走到底的耐心。那些離開的、丟失的、放棄的，會以更大的福報返還給自己。

一個人廢掉的標誌：長期接受碎片化資訊

在這資訊爆炸的洪流中，讓一個人廢掉最快的方式是什麼？就是讓他長期接受碎片化資訊。

再聰明的人，如果每天只是機械性地接受知識，而不去主動思考，時間一長思維也會變得遲鈍。

在刷短視頻的過程中，我們以為自己獲取了許多知識，然而知道並不等於得到。這些碎片化資訊會讓我們難以定下心來，而停下思考的步伐。當一個人停止思考時，他的思維也會變得狹隘，不再進步。

真正厲害的人，不會成為碎片化資訊的傀儡，而是利用有效資訊提升自己。

長期接受資訊化，是一場災難

生活中你是否遇到過這樣的人？無論是歷史、新聞資訊，還是金融經濟、娛樂八卦，他們都有所涉獵；不管談到什麼話題，他們都能侃侃而談，說上幾句，這些人的知識儲備似乎總是比身邊的人多出許多，可真正瞭解之後，卻發現他們只是知道而已。

好朋友小文就是我們身邊的「萬事通」，她是一個時尚達人，對娛樂新聞比較留心，各種娛樂八卦、明星新聞就沒有她不知道的，還經常在朋友圈分享她知道的消息。

剛開始，她還很開心，時間一長，小文發現這些資訊已經影響到了她的生活和工作。上班時，小文總是每隔幾分鐘就翻看一下手機，因為此事，她都被上司批評了好幾次。生活中，她隨時隨地刷短視頻，看各種新聞，生怕自己錯過了什麼大事。

長期接受碎片化資訊，看似增長知識，其實對我們而言也有弊端。一味地接受碎片化資訊，對我們來說是一場災難。一個人只有將知道的知識內化為自己的東西，才能真正做到學以致用。讀書可以給你思考的空間，而刷短視頻等碎片資訊不能。

段永平曾說：「大學畢業後想不起來看完過任何一本書，書看太多也不一定好，重要的是你能夠理解。」在平時工作中，他會瞭解自己的不足，透過書籍、演講來有目的地獲取知識。而且他會將學到的理論和方法用於自己正在進行的項目之中。也正因如此，他成為一位傑出的商業領袖，躋身全球富豪榜。

在這個資訊爆炸的時代，我們更要知道自己應該知道什麼。平庸的人攝取大量資訊，停留在「知道」的層面；優秀的人篩選有效資訊，更新自己的思維，提升自己的認知。

不是接收的資訊太多，而是思考得太少

在資訊爆炸的時代，我們能夠輕鬆地獲取更多的資訊，但是留給自己思考的時間越來越少。這些零散的碎片知識正在悄悄地削弱我們的思考能力。一個懶得思考的人只能成為「知道分子」，而無法成為「真正的知識分子」。

讀書也是一樣，去年我給自己制訂了一個讀52本書的計畫。每週讀完一本書，我就把書放回書架。寫年終總結的時候，才發現這52本書的內容我已經忘得差不多了。直到看了《如何有效閱讀一本書》，我才明白如果沒有將知識消

化理解，那些知識就不是自己的。只有將學到的知識加以理解，思考這些知識可以運用到生活中的哪些場景，我們才算真正掌握了這些知識。我開始透過複述書中的內容、寫讀書筆記和書評來消化書中的知識，鍛鍊自己的寫作能力。

聽過這樣一句話：「大腦中走得越遠，現實中才能走得越穩。」加深思考的深度，才能打破思維的局限。

投資家馮侖曾在一次演講中分享了一家牙膏公司提升牙膏銷售額的故事。在這家牙膏公司的市佔率已經連續4年兩位數增長的情況下，銷售總監提出一個目標，希望牙膏年銷售總額提升20%。大部分員工抱怨這是沒辦法實現的目標，一些部門經理加快新產品研發，制訂牙膏促銷方案。

兩個月過去了，牙膏的銷量並沒有發生什麼變化。而新來的實習生在瞭解牙膏市場競爭情況後，發現改變牙膏的價格或技術並沒有什麼優勢。於是，他根據消費群體的刷牙習慣，提議將牙膏口徑擴大到6毫米。這項不需要研發資金的方案，增加了消費者每次的牙膏使用量。一年後，這家牙膏公司的牙膏銷售量增長了32%。

平庸的人會停留在接收資訊的淺層，而不去思考背後的原因。我們改變不了自己所處的環境，但可以改變自己對待資訊的處理方式。加深思考深度，我們才不會淪為資訊的傀儡，成為速食資訊回收站。

真正厲害的人都在過濾資訊，深度思考

真正厲害的人，沒有在資訊的巨流中失去獨立思考的能力，而是抓住機會提升自己。

在這個人人都玩智慧型手機的時代，李健是個特例，他不用智慧型手機，也沒有LINE，只有一部老式的諾基亞手機，和家人聯繫也是靠簡訊。

李健說，智慧型手機的功能太多，誘惑也會很多，會導致他分心，無法專注創作。他把時間都用在了音樂創作上。他會經常讀書，從書中尋找音樂的靈感，將書中故事與音樂結合起來，走出了獨屬於自己的音樂路線。後來，李健創作出〈傳奇〉〈風吹麥浪〉等多首音樂作品，成為大家熟知的「音樂詩人」。

很喜歡一句話：「思考才使我們閱讀的東西成為我們自己的。」你知道的知識並不等於就是你的，它們只是暫時存放在大腦的某個角落裡。平庸的人只會被動地接受知識，優秀的人懂得過濾掉無用資訊，吸收有效資訊。**深度思考是我們對抗資訊洪流的能力。**

愛因斯坦說：「學習知識要善於思考，思考，再思考，我就是靠這個方法成為科學家的。」

在資訊爆炸的網路時代，別讓自己成為不會思考的資訊回收站。與其被動接收大量資訊，不如屏蔽掉無效資訊，篩選出有效資訊。閒暇時，常讀書，多運動；做事時，給自己營造深度思考的空間，消化接受的碎片化資訊。你如何處理接收的資訊決定了你的思維方式。

願我們都能夠在資訊的長河中，守住自己的內心，不被碎片化資訊干擾，做自己人生的主人。

真正厲害的人，都懂得「過濾」人生

你有沒有過這樣的經歷？

一打開手機，就完全沉迷其中，根本停不下來；

聽別人議論，就開始反思自己，覺得需要改變；

和他人相處，即使過得不開心，仍舊費力維持。

最終的結果，只是給自己徒增負擔。

其實，**幸福的人生，是「過濾」出來的**。

學會給生活加個過濾網，過濾掉無用的資訊，不在意無理的評價，不強留費勁的關係，才能騰出更多的空間，保持內心的安然和清淨。

過濾無用的資訊，不必太沉迷

曾看過一句話：「我們不需要知道許多資訊，只需要知道與自己的生活有關的東西。」

深以為然。資訊大爆炸時代，我們似乎習慣了不經篩選，就全然地接受各種資訊。殊不知，凡事過猶不及。**多餘的資訊不僅容易擾亂內心的秩序，還會影響正常的生活。**

曾聽過一個網友的故事：她的朋友小A常常抱怨工作好累。網友一臉疑惑，體制內的工作不是最輕鬆嗎？直到聽了小A的解釋，網友才明白。原來，小A早上到公司後，正準備登錄系統，電腦彈出消息「某某明星又出軌了」，好大的八卦，點開看看，看完，半小時過去了。剛剛登上系統，聽到同事討論週末去玩，就直接湊上去了。剛工作一會兒，姐妹發來消息：「直播間衣服有大優惠。」小A又打開了直播間，一刷就是大半天。下班時，小A才意識到，工作還沒完成，一想到晚上還要加班，頓時身心俱疲。

人就像一個木桶，容量是有限的，倘若接收過多的資訊，會把自己累垮。唯有學會過濾掉不用的資訊，才能過上悠閒自在的生活。

伊拉娜．穆格丹曾參加過一場活動，一年之內，她只能使用一部老式的翻蓋手機。此前，伊拉娜完全離不開智慧型手機。因此，比賽剛開始時，伊拉娜非常不適應。可僅僅過了一週，她就驚喜地發現，生活發生了翻天覆地的變化。她的工作效率提高了2倍，還用了半年的時間，讀完了30本書。

更神奇的是，她的人際關係絲毫沒有受到影響，而且因為每天打電話聊天，關係反倒比之前更好了。活動結束後，她感慨：「之前滑了那麼久的手機，實在是浪費時間啊。」

作家劉同曾說過：「你把時間花在哪裡，人生的花就會開在哪裡。」

在網路世界裡，我們總是沉迷於有趣的資訊，無心平靜地思考。於是，大腦裡的東西越來越多，生活也越來越亂。

只有屏蔽掉了那些垃圾資訊，我們的生活才會變得簡單，才能活出人生的意義。

過濾外界的閒言，不必太焦慮

電影《火影忍者》裡有句經典台詞：「如果有人在背後議論你，那只能說明你活得比他們精采許多，冷嘲熱諷是對你的讚賞，閒言閒語是為你的精采鼓掌。他們不過是在為你歌唱勝利的讚歌。」

生而為人，我們都無法像錢一樣，做到被所有的人喜歡。**面對他人的閒言閒語，一笑而過，人生之路才會越走越寬。**

一九九九年，余秋雨被邀請擔任紀錄片《千禧之旅》的主持嘉賓。一位作家卻去當一名主持人，這引來了很多人的不滿和誹謗。甚至，有1,800多篇文章謾罵余秋雨，說他「不入流」「沽名釣譽」等等。面對外界的諸多閒言，余秋雨並未做出任何回擊，只是淡淡地說了句：「馬行千里，不洗泥沙，自己的路還很漫長，哪有閒情去理會沾在身上的這些小污點。」

過了幾年，他的《文化苦旅》剛剛出版，又出現了各種不堪的聲音。有人給他的文章挑出上百處錯誤，說他自創新詞，文章盡是堆砌華麗的辭藻，沒有任何實質性的內容。

有人批評他「濫情」，說他的文字太肉麻，沒有所謂的「崇高感」。甚至有人說他不尊重文化，說他是文藝界的恥辱，但余秋雨毫無波瀾，不在意任何人的評價，而是繼續按照自己的節奏，寫文章，讀作品，過著和平常一樣的日子。慢慢地，隨著時間的流逝，這些聲音從他的生活裡消失了。

韓寒曾在《我所理解的生活》裡寫道：「做事是你的原

則，碎嘴是他人的權利。歷史只會記得你的作品和榮譽，而不會留下一事無成者的閒言閒語。」

人生活在這個世界上，無論處在什麼樣的位置，都逃不開他人說長道短。你若是放在心上，它就成了一種困擾，阻礙你前進的步伐，讓你寸步難行。當你把它當成人生的過客，不去理會它的來來去去。你會發現，你掌控了生活的主動權，不再受到外界的影響，成了自己人生的主角。

過濾費勁的關係，不必太用力

網路上曾有個熱門提問：「如果你和朋友在一起，感覺到越來越累，要不要選擇分開？」

有個反響熱烈的回答是：「道不同不相為謀，若是感覺太累，說明這不是一段好的關係，那就一別兩寬，各生歡喜吧。」

最好的感情是聊起天來毫不費勁，彼此都感到舒適。**但凡讓你用力去維持的關係，都是錯的關係**。堅持下去，只會是一場災難，讓你倍感無力。趁早放手，只留下相處舒心的人，才是最明智的選擇。

有個網友，剛上大學時，很喜歡班上的一個女孩，就常常去宿舍找她聊天，週末也時不時邀請她出去逛街遊玩。一來二去，兩個人走得越來越近。但很快網友發現，自己雖然掏心掏肺，對方卻表現得不冷不熱。而且，兩個人在很多地方的三觀都不一樣，甚至出現嚴重的分歧。

她喜歡看電影，女孩卻說看電影浪費時間，還不如多看幾本書。她提議一起去街邊吃燒烤，女孩卻說，街邊的東西都是垃圾食品，一點都不衛生，有什麼好吃的。她和男朋友分手了，十分傷心，哭得淚流滿面，對方卻說不就失個戀，有什麼大不了的，何必這麼難過。

每次聊天，網友都得謹慎選擇話題，生怕聊到對方不喜歡的事，惹得對方不開心。一起出去吃東西時，也要提前看好菜單，避免點到對方不喜歡吃的菜。漸漸地，這位網友感到越來越累，只好選擇結束這段關係。

曾有人做過一項統計：全世界有75億人，那麼，一個人的一生會遇到多少人呢？真實的答案是：2,920萬人。

一生漫長，我們會遇見無數的人，交到無數的朋友。但不是每個朋友都會讓你感到舒服和開心。有些感情會因為雙方觀點不同，讓你覺得精疲力竭。**當你遇到一段費力的關係，不如學會放手，坦然離開**。把更多的精力，留給值得的人，才是生命最好的狀態。

真正厲害的人，都懂得「過濾」人生

山下英子曾在《斷捨離》裡寫道：「想要讓生活變得快樂，最有效的途徑就是過濾掉那些『不需要、不合適、不舒服』的東西。」

人生是一段漫長的旅行，需要不斷刪繁就簡，去掉多餘的東西。過濾無用的資訊，把時間留給成長，才能越活越輕鬆；過濾外界的閒言，把好心情留給自己，才會越過越喜悅；過濾費勁的關係，把真心留給知己，方能越處越舒服。

往後餘生，願你學會「過濾」自己的人生，保持內心的簡單，過自足安穩的人生。

第二章

屏蔽他人的情緒污染

＊＊＊

戒掉反駁欲，時常自省，才能清楚自己的優勢；扔掉壞脾氣，穩定情緒，才能修煉自己的潛能；修好屏蔽力，專注自我，才能提升自己的水準。

戒掉反駁欲，扔掉壞脾氣，學會不在意

作家莫言在獲得諾貝爾文學獎後，非議不斷。

一次，他回家看老父親，父親在全家人面前說：「以前，我覺得我和村裡的人是平起平坐的，現在你得了獎，我反而要處處讓著他們，表現得比他們矮一頭。」莫言自己也有這樣的體會。後來，面對外界的質疑和詆毀，莫言選擇了沉默，不去反駁和爭論，轉而潛心創作，用一部部新作品來沉澱自己，抵禦外界的聲音。

楊絳說過，世界是自己的，與他人毫無關係。

當一個人的見識達到一定程度，就會明白，**遇到不懂自己的人，不必去解釋；遇到自己不懂的人，試著去理解**。那些活得通透的人都做到了戒掉反駁欲、扔掉壞脾氣、提升屏蔽力。戒掉反駁欲，時常自省，才能清楚自己的優勢；扔掉壞脾氣，穩定情緒，才能修煉自己的潛能；修好屏蔽力，專

注自我，才能提升自己的水準。

戒掉反駁欲

吳伯凡老師講過一段自己的經歷：有一次，他去外地講課，來聽課的都是創業者。在課後互動環節，他發現提問者大致可以分為兩類。一類提問者提出的問題都很深入，是在認真聽課後結合實際經歷產生的困惑。另一類則不同，所提問題和創業無關，他們關注的是課堂中某些無關緊要的細節，以此提出反對意見，表現出「我比你厲害」的姿態。

紐約大學教授塔勒布說過：世界上有兩種人，一種人想贏，一種人想贏得爭論，他們從來都不是同一種人。想贏的人，目光長遠，不在意眼前一時的輸贏；想贏得爭論的人總是在無關緊要的事情上，盲目追求所謂的勝利。

生活中，總有愛反駁他人的人，無論別人說什麼，他們的第一反應都是否定。他們從不考慮言語是否得當，只要贏在嘴上，便以勝者自居。殊不知，**強者善於示弱，只有弱者才需要逞強。**

心理學家榮格說過：「向外張望的人在做夢，向內審視的人才清醒。」比起喋喋不休，適當閉嘴更利於積蓄力量；

比起凡事爭贏，懂得進退更有姿態。

水深不語，人穩不言。**真正的強者，從不在別人嘴裡淪陷，只在自己心中修行。**

扔掉壞脾氣

英國鬼才作家勞倫斯成名前在一所小學教書，業餘從事文學創作。勞倫斯有文學天賦，他寫的作品品質都很高，可是由於他性格孤僻，不善溝通，作品從未發表過。這種狀況，只有他的朋友珍妮清楚。每次與勞倫斯交談完，珍妮總會帶走部分手稿。

有一天，勞倫斯得知暢銷雜誌《英國評論》公開發表了自己的一首詩。他氣憤極了，立即去見珍妮。剛見面，勞倫斯就大發脾氣，他指責珍妮心思歹毒，並說自己永遠不會和欺世盜名之輩當朋友。

當天下午，勞倫斯卻接到《英國評論》雜誌主編胡佛的電話，對方對勞倫斯大加讚賞，希望勞倫斯多投稿。勞倫斯懊悔不已。原來珍妮帶走手稿，重新整理，然後全部寄給了《英國評論》雜誌，勞倫斯才因此得到了主編胡佛的賞識，最終成為英國文學史上的鬼才作家。

常言道，一怒之下踢石頭，只會痛著腳趾頭。很多時候，發脾氣不但解決不了問題，還會讓事情變得更糟，使局面一發不可收拾。

脾氣如同一匹桀驁不馴的野馬。你若能駕馭牠，牠就甘心為你所驅使；若不能，牠便想方設法把你摔下來，阻擋你前進。

讀到過這麼一句話頗為贊同：「一個人強大的標誌是什麼？有脾氣但不亂發脾氣，有情緒但不情緒化。」不亂發脾氣，是在理性平衡之後做出的最佳選擇。

忍得一時之氣，免得百日之憂。當你足夠通透時就會明白，任何時候，人都不能被脾氣控制，而要學會控制脾氣。

學會不在意

歌星金・奧特雷出生於美國西部德克薩斯州的鄉下。在一次演出中，奧特雷的德克薩斯口音引發觀眾哄笑，甚至有人大聲喊他「會唱歌的鄉巴佬」。奧特雷感到羞愧，決心改掉鄉音，於是說話、做事都模仿城裡的紳士。他自稱紐約人，與人交流時一舉一動都小心翼翼。可是，他的矯揉造作之態，更加使自己淪為笑柄。

朋友開導他，不要在別人的眼光裡尋找認可，否則永遠悲哀；也不要在別人的嘴巴裡找尊嚴，否則永遠卑微。奧特雷逐漸意識到，每個人都有自己的優勢，一味迎合、模仿別人，不但學不到真本事，還會丟了真正的自己。

巧廚難烹百人宴，一人難如千人願。有時候，我們之所以不開心，正是因為過分在意別人對自己的看法。事實上，評頭論足不過是閒人的消遣方式，在他人眼中，你並沒有自己想像中的那麼重要。

著名哲學作家周國平說過：「我從不在乎別人如何評價我，因為我知道自己是怎麼回事。如果一個人對自己是沒有把握的，就很容易在乎別人的評價。」我們永遠不可能讓每個人都滿意。我們無法阻止不好的聲音，卻可以堵住自己的耳朵。不舒服的關係，該斷就斷；低品質的圈子，當離則離。

很多時候，那些生活快樂的人，只是比你更懂得不在意。一位哲人說過：「人生，是一個不斷修煉並完善自我的過程。」要想成為更好的自己，就得不斷地改善和成長。

往後的日子裡，去做你喜歡的事，堅定地熱愛，全力以赴地提升自己。

不抱怨、不爭辯、不炫耀，才是成年人的成熟

在一生中，人們會經歷火熱的夏天，到達人生巔峰，也會經歷嚴寒的冬天，落入人生低谷。人若一直站在頂峰，便容易得意忘形；一直處於低處，便容易自怨自艾。

真正有智慧的人早就參透了人生起伏皆為常態。在春風得意時，他們不炫耀；在落魄失意時，他們不抱怨。他們把每個下坡和上坡的階段視作蓄力的機會，不爭辯、不抱怨，只顧埋頭深耕。

如果你在過去沒有參透這個道理，那麼從現在開始不妨換一種清醒的活法，失意不怨，蓄力不辯，得意不炫，這樣即便所遇風浪再大，你也一樣能穩坐如山。

失意時不抱怨

一個只懂抱怨，不懂反省的人註定走下坡路。人這輩子總有不順心的時候，也總免不了發洩情緒，但負能量一旦過了頭，只會害人害己。

宋代有一位叫沈唐的文人總愛發牢騷，最終禍從口出。此人在楚州任職時，當地遇上蝗災，知府大人讓他處理，他卻寫了首詞表達自己的抱怨。誰知這首詞傳到了知府的耳朵裡，他因此獲罪，背負罪名30年。後來，沈唐的人生起起落落，在被派到偏遠地方當官時，又抱怨那裡太遠。此話被幫助過他的同鄉聽到後，又把他罵了一頓。在因抱怨吃過幾次虧後，沈唐這才悻悻地閉上嘴。

心理學上有一個現象叫「自證預言」，指的是越相信什麼，就越可能發生什麼。抱怨非但不能改善現狀，還可能招致惡果。唯有多向內求索，少抱怨外在，並付諸行動，好運才能降臨。

清末首富胡雪巖幼時因家境貧寒，時常食不果腹。從小是放牛娃的他在做學徒時，不論多勞累都不曾埋怨過。三年後，他被錢莊的掌櫃看重，並得以積累到了人生的第一筆財富。待他衣錦還鄉，他又特意到鎮上的餐館吃飯，並點了一碗當年自己常吃的便宜的雜燴菜。吃完以後，他嘆了口氣，說：「好久沒吃過那麼難吃的菜了。」

餐館老闆便說：「胡老闆如今發財了，自然瞧不上這些飯菜了。」胡雪巖說道：「不，當年我也覺得很難吃，但我知道抱怨無用，只有當努力賺錢，吃上了好的食物時，我才有資格說它不好吃。」他的成功並非來自運氣，只是把抱怨的時間都花在了行動上。

荀子曾說：「自知者不怨人，知命者不怨天，怨人者窮，怨天者無志。」

天有不公，眾生皆苦。人只要活著，就各有各的難處。但一個人對待失意的態度，決定了他所能到達的高度。愚者選擇困在怨恨當中，智者選擇積極向前，與其抱怨，不如改變。

蓄力時不爭辯

聽說過這麼一個故事：

秀才和農夫是鄰居。秀才讀了幾年聖賢書，農夫則目不識丁，兩人常因想法不同而爭論半天。秀才的娘子曾勸他不要爭吵，秀才卻嚥不下這口氣，非要證明自己才是正確的。

如此日復一日、年復一年，他的學業都在和人吵架中耽誤了，一直考不上舉人。

有一次，農夫路過秀才家門口，故意說道：「讀書又有啥用啊？」秀才聽到後，表示不服：「讀書當然有用！」兩人誰也說服不了誰，於是又吵了大半天。此時剛好一位智者經過，他們就把他拉過來，讓他評評理。秀才本以為自己贏定了，誰知智者瞭解事情的經過後，只是微笑著說：「確實沒用。」

農夫大笑而去。秀才困惑地問：「大師，您怎麼能說讀書無用呢？」智者答道：「讀書有用或無用，在不同的人心中答案自然不同。在不識字的農夫看來，種田當然比讀書重要；但在讀書人看來，讀了書才能考取功名。你和他的爭吵本就毫無意義。既然如此，你還不如多花時間讀書，要不然，如今也不會只是個秀才了。」秀才聽到後，感到非常羞愧。

吵架對錯輸贏都沒有意義，只會浪費彼此的生命。與其與人爭辯，不如把爭論的時間用在提升自我上。

哲學家王陽明在平定寧王之亂後，被朝中不少人誹謗。有的人詆毀他謀反，有人則稱他的心學是「異端邪說」。王陽明不予理會，更不辯駁，只顧潛心講學。在晚年時，他的陽明學派逐漸成為主流思想。

這一生，總會遇到你看不慣的人或看不慣你的人。與他人爭論，註定只有輸家，沒有贏家。聽過一句很有道理的話：「任何消耗你的人和事，多看一眼都是你的不對。」唯有提升自己的實力，才能攀上高峰；也唯有站在高處，才能俯視不服你的人。

人生路漫漫，切莫讓不和諧的聲音擾亂了自己的心神與步伐。

得意時不炫耀

《道德經》有言：「木秀於林，風必摧之。」

這世上，很少有人願意看別人比自己過得好。

當你炫耀時，看似一時滿足了虛榮心，卻可能招惹是非。法國的財政大臣富凱為了討國王路易十四的歡心，精心策劃了一場宴會。在這場宴會上，他不遺餘力地展示了自己的財力和能力。他邀請了歐洲最知名的學者和貴族到場，還請劇作家莫里哀為這次宴會編寫了一個新劇本。宴會上的裝潢、傢俱擺設及美食佳餚，都是他命人精心準備的。在這場豪華晚宴上，賓客們不斷發出驚嘆，而富凱也不禁沾沾自喜。

可到了第二天，路易十四便以竊佔國家財富的罪名將他關進牢裡，永不釋放。富凱這時才得知，原來他所炫耀的一切都深深刺痛了國王的心，路易十四不允許任何人的光輝超過自己，炫耀招致了這場禍事。

幸福學認為，人的本性是不滿足。而炫耀的本質就是利用自己比他人優越之處來張揚地宣示，以此獲得自我滿足感。炫耀不僅會引來嫉恨，更突顯出一個人極度匱乏的自信。越愛炫耀的人，往往越自卑；內心越強大的人，越是低調謙遜。

有些能力不必處處吹噓，有些成就也不足為外人道。你的本事和脾氣有多高，旁人心中自有定奪。

金子在哪裡都會發光，明珠即使藏在暗處也會熠熠生輝。強者從不靠自己的嘴巴來標榜自己，只憑自己的實力使別人信服。

張揚必遭人嫉妒，低調才能聚人氣。人生得意時，學會低調，不僅能保全自己，更可修煉內心。

＊ ＊ ＊

看過這樣一句話：「人生如同走路，要有足夠的耐心。」人生這條路，走得最遠的未必是走得最快的人，但一定是最能穩住內心的人。當走到低谷時，切勿抱怨，向內求索；當爬坡蓄力時，切勿爭辯，深耕自己；當登上高峰時，切勿炫耀，保持低調。只有保持清醒的頭腦，才能在遇到成敗得失時，淡然處之。

人生之難，或許並沒有你想的那麼難，大不了從頭來過，再創輝煌。

跟愛的人較勁，是很慫的表現

關係裡，每個人都是自己情緒的源頭

昨天，表妹打來電話，說要離婚，實在受不了自己沒教養的老公。

表妹去年結婚，婚後沒多久，就和我控訴老公的各種不良行為，比如吃飯聲音太大，擠牙膏總是從上面開始，浴室的燈老忘記關……這些稀鬆平常的小事，表妹看在眼裡，放在心上，甚至為此抓心撓肺，有時候憋不住了就口出惡言，對老公百般指責。表妹為什麼會因為這些事情生氣？

表妹小時候家裡很窮，父母又重男輕女，表弟出生後，表妹成了家裡多餘的一個。父母話裡話外地擠對她，說因為她家裡快斷炊了，女兒就是賠錢貨……

在這種環境中成長的她吃飯不敢發出聲響，吃麵條時，她拿筷子捲啊捲，把長麵條變成短麵條，才敢張開嘴放進去；她的每一個動作都小心翼翼，戰戰兢兢，用完燈馬上關，擠牙膏一定是從下往上。

謹小慎微地控制每個動作的聲音的她，對能肆無忌憚發出聲音的弟弟存了怨氣。這些情緒被她攜帶到親密關係中，就表現為對丈夫類似行為的零容忍。

親密關係專家克斯多夫孟說：「所有的事情事實上都沒有好壞之分，但是當你感到悲傷時，你就會用悲傷的心去詮釋所遇到的事，你認為先有事情的發生，才有情緒的產生。事實上，先出現的是你的感覺和情緒。」

人的所有感受與情緒早就存在於體內，事情的發生不過是導火線，再次把深埋的感受和情緒引爆，如果自己不去積極面對，這些感受和情緒會一直存在，對後續的關係和生活產生擾亂和影響。

榮格說，我們所看到的外在世界的每件事，其實都是我們內心世界的反映。**我們所有的情緒，唯一的源頭就是自己。**

凱撒大帝說：「人生最大的敵人就是自己。」懂得為自己的情緒負全責，不再把自己的情緒怪罪於他人，才會為構造支持型關係創造最大的可能性。

關係裡，學會做「輸」的那個人

有很長一段時間，我發現我和老公陷入了一種奇怪的僵局。不管我說什麼，老公都會提出不同意見，同樣，不管老公說什麼，我也有相反的意見等著他。比如他說孩子不用上早教中心，我就非得說必須去，我甚至忘了前幾天我剛說過上不上早教無所謂，父母的高品質陪伴更重要。

像這樣的情形幾乎每天都會發生，唱反調的那個人可能是我，也可能是他。我倆的交談經常不歡而散。我以為是因為沒了愛，所以才如此狼狽。

後來，我看到心理學家珍尼爾森說，人從童年時起，一生都在追求價值感和確認自己的重要性。價值感的滿足和確認重要性的根源其實是我們每個人對愛與被愛的極度渴望。

不被愛，可能才是這個世界上最恐怖的事情。

《親密關係》中提到，如果從童年期起，你就開始相信沒有足夠的資源可以分給每個人，那你會以這種觀點來看待整個世界。你覺得沒有足夠的愛可以分給你，只有打敗其他競爭者，比如兄弟姊妹，才能得到你所需要的東西。爭著當

「最特別的人」的這種競賽，會繼續發生在親密關係中。你會和伴侶不停地互相較勁。

這兩個觀點，讓我醍醐灌頂。

我們為了贏得愛，有時願意做任何讓自己看起來很特別的事情，我們想用自己的「特別」來牢牢鎖住對方，以確認自己的重要性，這會導致夫妻之間很容易成為對方的「競爭者」。

我們不停地試圖證明自己更優秀，更特別，甚至動用言語或行為攻擊來讓自己成為贏家。然而，日復一日，婚姻裡的較勁必然會從小事積累成大事，從生氣積累成暴怒，從和諧變成針尖對麥芒，這無疑是一條與愛南轅北轍的道路。

我們不需要用「東風壓倒西風」的方式來證明自己的特別，這種方式也並不能證明我們的特別。**想讓愛照進來，一定要放下「競爭」的想法，不怕做「輸」的那個人。**

關係裡，別做怨氣沖天的犧牲者

很多妻子為了丈夫和家庭換掉工作，甚至放棄事業回歸家庭，多年以後，滿腹怨言，很小的矛盾都能成為壓死駱駝的最後一根稻草。

為什麼會這樣？

因為**我們每個人，都無法成為一個心甘情願的「犧牲者」，當你認為自己犧牲的那一刻開始，兩個人的關係其實已經註定了以悲劇收尾**。

在天長日久的生活中，認為自己做出犧牲的那一方，怨氣聚沙成塔，最終崩潰，使婚姻岌岌可危。

有個「70後奶爸」名叫黃凱，因為沒有長輩幫忙帶孩子，黃凱從外企辭職，回家帶娃。黃凱說：「老婆賺錢的本領比我強，我更有耐心，現在全職媽媽幹什麼我就幹什麼，那些讓媽媽很抓狂的事情我去幫她做，不想讓老婆老得那麼快。」

每個家庭裡，丈夫和妻子的性格各不相同，能力也有差異，彼此懂得優勢互補，才能將婚姻裡的收益最大化。婚姻關係中只有分工的不同，沒有角色優劣的差異。那些覺得自己為婚姻做出犧牲的人，認為自己承擔了婚姻中更差的角色，因而在心態上有了不平衡。

任何一方，都不要將自己定位為關係的「犧牲者」，因為認為自己為了成全對方，而成為一個「可悲的犧牲者」，這種心理只會導致婚姻的悲劇——也許未必離婚，但也逃不過苟延殘喘。

婚姻裡，做持續成長的人

美國心理學家卡羅爾·德韋克提到，人有兩種思維模式，成長型思維和固定型思維。成長型思維的人會把挫折看作需要解決的問題。固定型思維的人會把挫折看成永久的失敗。成長型思維的人面對婚姻中的問題，願意學習和改變。

親密關係專家克里斯多福·孟提到自己和伴侶的相處經驗，說自己和妻子無數次感覺無法再走下去，無數次想放棄，但最終他跨越了一個又一個的絕望時刻，和妻子的感情越來越好，因為他始終用成長的心態面對自己的婚姻，把婚姻裡的所有問題都當作成長的機會。

在爭吵中，在眼淚中，在無數次想掐死對方的絕望中，如果我們始終能夠向身後看一看，去回憶下當初為了愛義無反顧牽起對方雙手的動人時刻，我們就會更有勇氣繼續牽著對方的手好好走完接下來的旅程。

「親密關係是修行的道場，我們每個人都要在其中學習、成長。」張德芬的這句話，與君共勉。

過分的共情，也是一種內耗

你是否會這樣：

看到災難性新聞，會從心底裡為受難者感到悲痛？

看到感人的電視情節，會不自覺地跟著掉眼淚？

聽朋友傾訴自己的痛苦，自己也跟著難受不已？

很多共情能力強的人都有過類似的經歷。

朋友A一直是個溫暖、善解人意的人。前段時間看完《令人討厭的松子的一生》後，她的狀態恍惚，一直沉浸在人物的命運中。聊天時她也時不時地提到裡面的片段，感嘆命運，然後陷在情緒中不能自拔。

共情能力強的人往往能敏銳地感知他人情緒的變化，並給予對方情感上的理解和認同。

但事物總有兩面，共情也是。**適度共情可以讓彼此的距離更近；過分的共情，卻可能傷害自己，讓自己陷入內耗。**

高共情能力的人要學會在**共情別人的同時，也不內耗自己**。

適度共情，是一種能力

共情，是關係的柔化劑。它是在保持一定情緒距離基礎上對他人處境和心情的理解和接納，並付諸行動。

《天才在左，瘋子在右》裡有這樣一個故事：有一位病人，他幻想自己是一只蘑菇，一直坐在樓梯口不吃不喝不動。大家不願接近他，甚至開始嘲笑他。

這時一位醫生走過來，坐在病人旁邊，也一動不動。病人很好奇，就問他：「你為什麼不動？」

醫生說：「我也是一只蘑菇啊。」後來醫生拿起漢堡大口吃了起來，病人問他：「你不是蘑菇嗎？為什麼會吃東西？」醫生說：「誰說蘑菇不會吃漢堡的？」於是病人也跟著吃起了漢堡。就這樣，醫生用適度的共情，再加上一點行動，就讓一個「絕食」的病人吃起了飯。

情感上的理解能給人安慰，比任何語言都有用。共情能力高的人能夠體會他人心底的需要，用善意推己及人地去幫助他人。

這讓我想起了一個朋友的經歷。一位老人去商店購物，朋友看到後，幫他推開沉重的大門，一直等老人進去才關門。老人向她道謝，她說：「我父母和您的年紀差不多，我希望他們有需要的時候，也有人為他們開門。」

就像馬修·德林所說：「共情不是瞞著眼、耳朵假裝去瞭解，而是真正地傾聽、感受和理解他人所經歷的一切。」這種感同身受的能力，最為難得。

共情，往往能帶給我們溫暖，讓世界多一點包容、理解和認同。缺乏共情會使人與人之間冷漠、疏離，共情過度則會使自己陷入內耗。**如果說共情是一種天賦，那麼適度共情就是一種能力。**

凡事有度，知止為上。只有適度共情，才能最大限度地發揮共情的正能量，利人而不傷己。

過度共情，是一種內耗

強大的共情能力可以讓自己成為朋友和家人的依靠，時刻給身邊人帶去溫暖。但每當夜深人靜，各種糟糕的事情一遍又一遍地在腦海裡倒放時，那些消極情緒一點一點地積累在內心，無形之中都化成了壓力。

過度共情，何嘗不是一種自我內耗。

有多少人因為有很強的共情能力，有了很多的朋友，但也在不停地消耗自己？它會讓人們的身心都處在巨大的情緒壓力之下，造成大量能量的消耗。

過度共情，也是越過了與人交往的界限；越了界，就會造成某種麻煩——**自己陷入了內耗，而對方產生了依賴**。

過度共情還會造成身體的內耗。美國生物學家研究發現，共情會啟動杏仁核（大腦情緒反應中心）。情緒反應越大，杏仁核就越活躍，身體要想保持平衡，就需要另外一種東西去抑制。越是共情過度，體內的抑制對抗就越嚴重。長此以往，會損害身體免疫系統，我們身體對慢性疾病的抵抗力就會變弱。所以，不管是為了我們的情緒穩定還是身體健康，請找到共情的邊界，避免過度共情帶來傷害。

共情，要敏感也要鈍感

高共情，往往意味著高敏感。敏感，可以讓我們敏銳地感知對方的情緒，但高敏感容易造成我們心理上的負擔。**為了防止自己陷入內耗，在保持敏感的同時，也需要一點「鈍感」**。

主持人董卿，飽讀詩書，溫柔知性，而且非常善於共情。在她主持的節目中，有這樣的片段：節目中的嘉賓看到父親瘦削的背影而難過時，她眼含熱淚，不停地安慰對方；講述自己的難過經歷時，她擁抱對方，與對方一起流淚。

她經歷過太多因共情而動情的時刻，但無論當下情緒多麼翻湧強烈，她也能在第二天精神飽滿地去工作和生活。她無疑是敏感的，因此才能敏銳地察覺他人的情緒，但她也具有恰當的鈍感力，避免了共情過度，她早就在大量的閱讀和行動中找到了共情的尺度。

亞里斯多德說，只有在適當的時候，對適當的事物和人，在適當的時機下，以適當的方式發生的感情，才是適度的最好的感情。

鈍感力，可以幫我們找到這種「適當」的感覺，讓我們的共情恰到好處。我們可以嘗試以下方法，訓練鈍感力，防止陷入內耗。

1. 共情後，做好認知清理

在每一次共情後，透過認知思考來做情緒清理，比如提醒自己思考：如果我有這種情緒，我想要什麼樣的幫助？用理智打斷情緒氾濫，察覺自己的情緒需要，對自己以後的共情行為做出調整。

2. 學會「課題分離」，建立邊界

透過不斷的自我覺察，訓練自己課題分離的能力。「課題分離」是心理學家阿德勒提出的。當我們感受到對方的情緒時，問問自己：哪些是對方的情緒，哪些是我的情緒？哪些情緒需要對方負責，哪些需要自己負責？透過課題分離，我們可以逐漸建立自己共情的邊界，並指導自己適度地共情他人。

3. 學會傾訴和尋求幫助

如果你善於傾聽，但情緒超載時無法消化，也可向合適的人傾訴。如果這種瀰漫的情緒已經比較嚴重，可以向專業人士尋求幫助。

共情就像一束光，照亮黑暗，給予你我溫暖。如果光過於強烈，則會灼傷雙眼。共情是一種難得的能力，但不要讓這種能力委屈了自己。

學會讓自己的共情「鈍」一點，逐漸找到共情的尺度——既可以溫暖別人，也不內耗自己。因為只有剛剛好的共情，才能幫助我們建立良好的人際關係，利他也利己。

第三章

屏蔽外界
和他人的看法

＊＊＊

一個真正厲害的人是不屑與別人爭的，因為他有強大的內心和足夠的底氣去面對外界的流言蜚語。

你要學會駕馭情緒，而不是被情緒駕馭

＊＊＊

晚上正在看電視，朋友小諾打來電話，發了一通牢騷。

小諾是位小學老師，剛剛參加工作。教育部上司來聽她的課，她也為此做足了準備。誰知，她還沒開講就被一位家長攔住，指責小諾教學水準差，孩子的成績一直沒有提高。小諾想抽時間再複習一下課件，便婉轉地提出，自己現在沒時間與他談孩子的事情，下班後再與他溝通。結果那位家長生氣了，說小諾的態度是不負責的，吵嚷著要找校長投訴。

雖然家長無理，但小諾還是不停地道歉，希望家長能理解自己，現在有很要緊的事要處理。那位家長看小諾年紀輕、沒多少工作經驗，更加不依不饒，態度蠻橫，後來其他

老師幫忙解圍，那位家長才悻悻離去。

本來信心滿滿的小諾因為那位家長的出現，情緒變得很差，她站在講台上，好長時間都緩不過勁來，最終表現也差強人意。

被壞情緒束縛，導致自己發揮失常，小諾想想就生氣。在大學裡自己也曾拿過系裡演講冠軍的，怎麼會在小河溝裡翻了船呢？

因為被壞情緒左右，人的狀態往往會受到影響，原本計劃好的事情便容易出現偏差，如果不及時擺脫負面情緒的束縛，還容易出現連鎖性反應。

＊＊＊

我認識一位文友，我們同在一個寫作群裡，偶爾也聊些寫作上的事情。有一次，一位男性文友突然間在群裡指責她抄襲他的作品並發表，還把作品連結發到群裡，讓所有文友評理，並諷刺她，稿費沒幾個錢，但他如果維權，那她付出的代價就大了。

她完全懵了，因為她根本就沒有抄襲，她在群裡解釋，希望這位男性文友不要大肆宣揚，等事情弄清楚再說，但男文友十分氣憤，迅速把連結發到其他群裡，一副唯恐天下不亂的姿態。

女文友氣壞了，馬上開始聯繫那家發表文章的報紙的編輯，核實後發現原來是署名錯了，根本不關她的事情。雖然事後男文友在群裡道了歉，她的情緒卻受到極大影響，很長時間進入不了寫作狀態。

那段時間裡，她經常和我聊天，她說那件事情使她內耗了很久，想起都憤怒不已。她反覆強調，群裡文友們來自五湖四海，被他嚷得全世界都知道了，心裡時時充滿怨恨，根本沒有心思再寫作。

不曾感同身受，就別勸人大度。我當然明白這個道理，但真心希望她能走出來。我勸她，不能因為一件無關緊要的小事，就被壞情緒束縛住，但她一直走不出這場風波。後來，她很少露面，QQ頭像一直是灰色的，給她留言也極少得到回覆。我們經常一起投稿的雜誌上也看不到她的作品了。

也許有人會說，女文友太玻璃心，一點打擊也受不了。其實，每個人都會遭受打擊，關鍵是受到打擊之後，能不能走出壞情緒的困擾。

負面情緒是看不見摸不著的，總是悄無聲息地潛伏在潛

意識裡，稍不注意就溜出來，影響一個人當下的心情，進而擾亂生活秩序。

＊＊＊

大文豪范仲淹曾經說過：「不以物喜，不以己悲。」然而身在浮躁的塵世間，如何能擺脫情緒的束縛呢？

從心理學上講，情緒既是主觀感受，又是客觀生理反應，具有目的性，是宣洩主觀感受的一種社會表達方式。

當一個人在當下的處境中產生不好的感受時，便會表現出糟糕的情緒，比如焦慮、憤怒、傷心等等。一旦陷入負面情緒，人就容易失去理智，衝動行動。所以，有人得意忘形而樂極生悲，有人因悲觀失望而焦慮抑鬱。

＊＊＊

有一次去醫院給一位醫生朋友送東西，在她的辦公室裡坐著兩位病人，前一位患者檢查結果很好，歡天喜地和她道謝離去；後一位患者因為病重而必須住院治療，患者當時崩潰大哭，醫生朋友不停地安慰著。

我當時頭都大了。前後畫風簡直如同冰火兩重天，如果朋友內心不夠強大，每天接收患者各種負面情緒，會得抑鬱症的。她笑著說，醫生每天要接觸不同患者，必須擺脫壞情緒的束縛，否則會影響患者的情緒，對治療不利。

「怎樣才能擺脫情緒的束縛呢？」我好奇地問。

朋友說，好情緒能讓周圍的人和你一樣開心快樂，壞情緒也會影響其他人的情緒，擺脫情緒束縛的方法是，把情緒當成「客人」，和喜歡的客人多聊聊，不理睬不喜歡的客人，每天保持好心情才能有好的工作態度。

我驚訝於朋友的睿智。把情緒當成「客人」來對待，頗有哲理性。情緒總是不期而至，就像不打招呼就來的客人，和喜歡的客人聊聊，對不喜歡的客人可以冷淡待之。

醫生朋友鄭重地說，無論是喜歡的還是不喜歡的「客人」，都不要長時間留在身邊，坐坐聊聊就要請它離開。也就是說，人不能被情緒束縛，好情緒和壞情緒都不能長時間留在身邊，保持平常心才好，因為帶著情緒做事，受情緒左右，對人和事情的判斷就容易出現失誤，對於改變自身處境毫無幫助。

爭論面前，微笑著不說話的人贏了

年輕時我們都曾有過這樣的經歷：遇到和自己意見不一致的人，總是要和對方一爭高下，想讓對方贊同自己的觀點。可事實往往是：越爭辯，越生氣，誰也說服不了對方，最後還鬧得不歡而散。

馬斯克曾說：「我現在不和人爭吵了，因為每個人都只能在他的認知水準上去思考。以後有人說二加二等於十，我會說『你真厲害，你完全正確』。」

隨著閱歷的增長，我越來越覺得這句話無比正確，**遇事不怒，輸贏不爭 ，對錯不辨，才是為人處世的大智慧**。

沉默，是一種深諳人性的智慧

我們可能聽過法國著名畫家亨利．盧梭的故事。他小時候特別喜歡畫畫，有一次，他沉迷於畫畫忘記給火爐加煤了，父親回來時，火已熄滅。父親大發雷霆，把他的畫筆和畫紙扔到了門外。盧梭沒有哭，他按父親的安排把事做完後，悄悄地跑到外面，彎腰撿起了自己的畫筆和畫紙。

長大後，盧梭進入巴黎海關工作，還有了自己的辦公室。他把辦公室當畫室，專注畫畫，因此惹怒了上司。盧梭的畫筆和紙再次被扔進垃圾桶，他也被解雇了。他沒有解釋和央求，再次從垃圾桶裡撿起了自己的畫筆和畫紙，安靜地離開了。

後來，盧梭在繪畫巔峰時期曾寫下這樣的句子：「我彎腰撿起的是畫筆，但守住的是自己的尊嚴與夢想。」睿智如他，沉默並不代表放棄自己的夢想和權益，而是一種更加高效的處理方式。

愛因斯坦說：「在理性的沉默中，我們得到最好的智慧。」在這個世界上最有力的不是高調的宣誓，而是一聲不響的沉默。有時，**沉默並不代表軟弱或膽怯，而是一種對自己能力篤定的基礎下理性而成熟的應對方式**。

不爭辯，是一種心胸豁達的修養

莊子曰：「大辯不辯。」即辯論的最高境界是不辯。許多時候，爭辯只會浪費時間和精力，還傷了彼此的感情。不爭不辯，才是最大的智慧。

紐約房地產商威廉·哈芒賣出過超過2億美元的房子，他最愛說的一句話是：「推銷員最大的禁忌就是與客戶爭論。爭論就是一種競爭，而任何人都不想在競爭中失敗。」爭論只會讓雙方更加堅持自己的立場，讓問題更加複雜，甚至引發不必要的矛盾和衝突。

不爭，看似一種妥協，實則一種氣度，一種容人的豁達。《莊子·秋水》曰：「井蛙不可以語於海者，拘於虛也；夏蟲不可以語於冰者，篤於時也；曲士不可語於道者，束於教也。」認知不同，三觀不同，閱歷不同，見識必定不一樣，因此無須爭辯。

成年人要克制自己的反駁欲，用最溫和的方式抵擋一切，用最寬闊的胸懷容納一切。

成年人的世界：只沉默，不爭辯

位置不同，少言為貴；認知不同，不爭不辯。止語是上等智慧，止心是上等律己。沉默律己是一種高級的智慧，不爭不辯是一個人終生的修行。

人生後半輩子，要想幸福快樂，就要學會不與人爭辯。

1. 不與親人爭

與至親至愛的人爭執，只會兩敗俱傷。

當我們變得成熟，就會知道放下自己的驕傲，安靜地聆聽父母的嘮叨，把最好的脾氣留給最愛的人。

2. 不與愛人爭

楊絳在《我們仨》一書中講過一個故事。她和錢鍾書在輪船上因為一個法文單詞的讀音吵了一架，楊絳說錢鍾書的發音帶鄉音。錢鍾書不服，說了許多傷感情的話。楊絳不認輸，也盡力傷他。後來，他們請同船的法國夫人公斷，楊絳對了，錢鍾書錯了。楊絳說：「雖然我贏了，卻覺得無趣，很不開心。」之後他們即使遇到問題各持異議時，也不再輕易爭吵。

夫妻爭吵，家庭不睦。婚姻不是戰場，是非、對錯都不重要，重要的是感情和睦。有愛的婚姻，往往沒有輸贏。

3. 不與朋友爭

藺相如和廉頗的故事廣為人知，他們是戰國時期趙國的大臣。廉頗不滿藺相如的地位在自己之上，因此處處針對他。藺相如為國著想，處處避讓廉頗。廉頗最終悔悟，向藺相如負荊請罪，二人成為至交。

《道德經》裡曾說：「夫唯不爭，故天下莫能與之爭。」意思是，只有一個人擁有不爭的處事，才會沒有人能與之抗衡。**一個真正厲害的人是不屑與別人爭的，因為他有強大的內心和足夠的底氣去面對外界的流言蜚語。**

楊絳曾翻譯過一句話：「我和誰都不爭，和誰爭我都不屑。」這句話，更像她本人一生的寫照，不管人生順遂還是遇到磨難時，她始終保持內心的淡定與從容。

人在年輕時，往往因為不甘心而總想爭個輸贏對錯，經歷得越多才越明白，輸贏不重要，重要的是舒適和自洽。**看破不說破，沉默、不爭辯是給自己也是給別人最大的體面。**

弱者盲目合群，強者享受獨處

我們在生命中，會遇到無數條岔路口。有的路寬敞易走，擠滿了人，有的路狹小晦暗，鮮有人願意走。

享受舒服安逸是本能，敢於迎難而上是勇氣。許多時候，拉開人與人差距的，就是能否做別人不願做的事，走別人不敢走的路，也許路上坎坷與磨礪不斷，但終有一日會收獲纍纍碩果。

迎合討不來歡心，討好換不了喜歡

在《便利店人間》一書中，主角穀倉惠子從小就是人群中的異類。她的性格高冷、直率，朋友們都覺得她過於嚴肅、古板，父母甚至懷疑她有心理問題。

為了討別人歡心，她開始試圖改變自己。與人溝通時，她變得小心翼翼，模仿其他人的說話方式，努力表現得活潑。她專門購買與別人品牌相同的物品，以此製造共同話題。但她的迎合與討好不僅沒有換來別人的喜歡，反而讓自己筋疲力盡。

直到有一天，她來到一家便利店做兼職，發現在這裡自己不需要時刻在意別人的情緒，只需要按規則行事就好。她在這裡工作感到如魚得水，將這份別人眼中看似很枯燥的工作堅持幹了整整18年。

生活中，盲目的合群往往只會塑造一個面目模糊的自己。只有當一個人專注做好自己的事，無懼獨來獨往，才能摒棄外界的紛擾，不斷充實自己。

二十世紀六七〇年代時，有一名男知青，他總是與身邊的人格格不入。別人打牌時，他在背單詞；別人睡懶覺時，他早起讀英語。同行的知青都不喜歡他，覺得他十分不合群，是「假正經」，更有上司勸他要合群，不然會被排斥的，他沒聽進去，而是繼續一邊做事一邊醉心於自己的學業。1978年恢復高考以後，他憑藉自己的能力考上了北京第二外國語學院。後來，他又憑著高超的英語水準和文筆進入了外交部工作。他就是如今的外交部部長王毅。在那些獨來獨往的日子裡，他專心鑽研學問，從不在浮華社交上浪費時間，才取得了今天的成就。

生活中，很多人為了合群將大量時間與精力用來社交。

只有小部分人能夠遵從內心，享受獨處，在別人看不見的地方暗自蓄力。

沈石溪曾說：「孤獨實際上是出眾的標誌，是一種高貴的品性。」活得清醒的人，不會為了合群而盲目跟風，他們享受獨處的時光，明白與其在隨波逐流中迷失自己，不如將那些花在觥籌交錯上的時間用在自我提升上。一味地跟風社交，不一定能換來想要的生活，但專注地學習與修煉，能為自己拚得更好的未來。

學會享受獨處，在獨自一人的時刻，默默耕耘，耐心沉澱，在歲月中打磨出不凡的自己。

愚者向外歸因，智者向內反省

義大利畫家莫里，在畫人物時有個特殊癖好——只畫一隻眼睛。有人不解，問他為什麼，他說：「人性的弱點之一，就是雙眼都習慣看向外界，卻很少自檢，所以我們要用一隻眼看世界，留另一隻眼來審視自己。」

許多人遇到問題時的第一反應是推卸責任，將原因歸於外界。而活得通透的人懂得自我反省，將每一次犯錯都化為進步的動力。

孟子曰：「行有不得，反求諸己。」遇**事不驕不躁，學會自省，向內歸因，才能向上成長**。

在電影《立春》裡，黃四寶一心想考美院，卻接連好幾年落榜。年近30歲的他還沒有一份正經工作，整天待在家裡喝酒、混日子。直到第六次落榜，他依舊怨天尤人，認為上天對自己不公平，母親沒有給自己好的出身，自己懷才不遇。表哥周瑜早就看出他心比天高，卻從不付諸實際行動，說道：「整天怪這個怪那個，我看最該怪的就是他自己。」

一個不懂自省的人，遭遇再多的挫折也不能使他進步，經歷再大的打擊，也無法使他強大。知不足，而後改，才能找到正確的方向，讓自己越來越好。

人活一世，犯錯摔跤，磕磕碰碰，都是家常便飯。面對生活中的失敗與錯誤，不能一味地責怪別人，而要清醒地反省自己。凡事向外歸因，只會沉浸在抱怨的情緒裡，故步自封，永遠原地踏步。**懂得向內反省，才能從一次次失敗中總結經驗，不斷迎接新的轉機**。

正所謂，自知者明，自勝者強。**以自省為鏡，方能認清自己，在反思中不斷進取，在改進中成長蛻變**。

庸者逃避吃苦，能者自討苦吃

苦是人生的底色。然而，大多數人都在被動吃苦，只願待在自己的舒適圈內，只有極少數人願意主動吃苦，不斷打破困頓與桎梏。人的一生波瀾起伏，經歷風雨苦難不足為奇。當一個人敢於「自討苦吃」，在未來便能比別人多一份選擇與自由。

萬科創始人王石受邀到大學授課。儘管他在講台上侃侃而談，卻仍然感覺自己力不從心，他開始重新審視自己的知識儲量。在一次機緣巧合之下，近60歲的王石選擇去往哈佛大學進修學習。因為語言上的障礙，王石在哈佛大學的第一年吃了許多苦。為了追趕上課堂教學的進度，他通宵看書，每天奔波於公寓、校園、圖書館之間；為了能和教授順暢交流，他大量閱讀英語讀物，練習聽力與口語，彌補自己的不足。在高強度的學習下，他的眼睛出現了嚴重散光、充血、視網膜硬化等問題。但好在皇天不負苦心人。經過在哈佛大學的學習充電，王石彷彿重獲新生，他形容自己的思維「就像生鏽的機器重新加了潤滑油」，新的想法和創意不斷地冒出來。

稻盛和夫說，你所遇到的壓力與挫折恰好是自我修行的最好機緣。在我們的生命中，有各種各樣的困境與考驗。選擇逃避困難，看似獲得了一時的安逸，實際上給未來埋下了隱患，遲早會敗給生活的風雨。

選擇主動吃苦，才能為自己打下扎實的基礎，為未來鋪好更寬廣的路。那些與別人拉開差距的人，都是「自討苦吃」的高手。在苦難中修行，在逆境中成長。做困難但有價值的事，走難走但正確的道路。

當你懂得捨易求難，扛下所有的苦，熬過所有的難，你想要的一切也會隨之而來。

選擇少有人走的路

輕鬆的路雖然好走，卻過於擁擠；艱難的路即使孤獨，也值得堅持。一個人最大的清醒，便是選擇少有人走的路，在寂寞中打磨韌性，才經得起世間的刁難；在犯錯時反躬自省，才能成就更好的自己；在吃苦修行中沉澱內心，才會迎來理想的生活。

人生繁雜無章，唯有守住內心方寸之地，堅持自我的思考與選擇，才能成就與眾不同的自己。

一個人最應該具備的能力：翻篇能力

未來的人生故事情節如何發展，結局怎樣，取決於當下怎麼寫。不懂得翻篇，人就會在過去的漩渦中不斷消耗自己。**學會翻篇，允許過去的留在過去，才是對當下的自己最大的關愛**。

最喜歡豐子愷的一句話：「不困於心，不亂於情，不懼將來，不念過往。如此，甚好。」

不沉迷於過去，不讓往事羈絆自己，心懷勇氣，走向未來。

不念，是對過去的放下；不懼，是對未來的信心。這考驗的是人的一種重要能力，簡單概括就是：翻篇的能力。**讓過去的過去，讓現在的出發，讓未來的到來**。

不會翻篇，是一種內耗

把過多的時間和情緒用在反芻過去已經發生的事情上，對現在、對未來、對自己都是一種負擔。余華說，有一種精神內耗是內心戲太多：「言未出，結局已演千百遍；事已畢，過往仍在腦中演。」腦海裡不斷上演已經結束的事情，心裡總是放不下，對自己是一種無形的消耗。

網球名將李娜講過，她曾經陷入事業低谷。那段時間每天體育版的頭條都赫然寫著：「李娜狀態低迷。」在接下來比賽中她次次首輪出局，甚至敗給了資格賽上的小將。與此同時，李娜和她的教練莫滕森的合作也走到了盡頭。

她在自我懷疑的漩渦中打著轉逼問自己：「為什麼我訓練那麼認真，比賽時還會頻頻陷入困境？」停留在已經完賽的失敗中，無法重啟心態，是李娜困在原地的重要原因。她坦言，當時的自己具備奪冠的實力，卻不具備奪冠的心態，停在一場又一場的敗局裡，無限內耗。

在持續了14個月的冠軍荒、多項賽事的「一輪遊」後，李娜突然覺得局面也不會更糟了。她決定翻篇，讓一切過去，給未來讓路。

從2012年的下半年開始，李娜調整狀態，終於在「超五系列賽」中折桂奪冠。李娜說，過去的一年多她只顧著和自己的每一場失敗較勁，自己卡在「過不去」「想不通」裡了。

很多事情，靠想就是想不通。人生的路要靠走，只要向前多走一步，局面就會不一樣。

就像羅曼·羅蘭所說：「我們在人生的道路上，最好的辦法是向前看，不要回頭。」向前看，才能不被往事羈絆，不被過往的情緒糾纏。畢竟，人生的路，永遠是往前走出來的。

懂得翻篇，是一種能力

說翻篇就翻篇，是一種魄力，也是一種強大的能力。支撐我們將昨天翻篇的，是自己的認知、篤定和自信。

伊隆·馬斯克的母親梅耶·馬斯克，被稱作「超人母親」，她把三個孩子培養成億萬富翁，但她在年輕的時候遭遇了一場不幸的婚姻。

梅耶22歲結婚，丈夫是她的高中同學。婚後不久，她的丈夫開始暴露出暴躁的性格，經常對她拳打腳踢。一開始梅耶並沒有想過離婚，以為自己做個賢妻良母，丈夫慢慢就會變好。可家暴一旦出現，就會成為無法根除的噩夢。她的丈夫發現梅耶只會逆來順受，便變本加厲，毆打梅耶的次數也越來越多。梅耶曾想過離婚，可丈夫威脅她，要是敢離婚就用剃鬚刀毀掉梅耶的臉，打殘三個孩子的腿。

在當時的南非，家暴並不能成為離婚的理由。梅耶．馬斯克就這樣忍受著家庭暴力，長達9年。終於在梅耶31歲時，迎來了南非的婚姻法改革，她再次向法院提出離婚，在律師的幫助下，終於擺脫了這段噩夢般的婚姻。

手裡的牌打得爛沒關係，靠自己的勇氣和實力，去重新選擇一把牌。梅耶後來的生活迎來了溫暖的曙光，她淨身出戶，帶著3個孩子從德班搬到布隆方丹的一個小鎮。雖然生活貧窮，三個孩子只能吃最廉價的三明治填飽肚子，穿舊衣服保暖，四個人擠在狹小的公寓裡，可這一切都讓梅耶滿足：永遠和過去的糟糕生活訣別了。

靠著營養諮詢師的工作，梅耶慢慢有了收入，一家四口的生活開始有了改善。她從決定過一種新生活開始，就篤定向前，從不回頭顧影自憐，從她臉上的笑容便能看出。

她勇於重建人生的精神，對三個年幼的孩子產生了深刻的影響，這也促使三個孩子都成了人中龍鳳。

做人終究要學會拎得清，捨得下，走得開。不糾纏於爛人爛事，才能給真正重要的東西騰出位置；不困頓於塵俗往事，才能給自己留出精力來雕刻明天。

懂得這個道理，才能隨時翻篇，隨時重啟，做自己生活的主角。

弱者習慣回頭看，強者喜歡向前走

只有弱者才喜歡盯著過去不放，既放不下榮譽，也放不下恥辱。

左宗棠、曾國藩、張之洞和李鴻章並稱為「晚清四大名臣」，而左宗棠一生戎馬功勳都源於曾國藩的知遇之恩。左宗棠在中舉之後，三次考試都未中進士，眼看仕途無望，幸而曾國藩看重左宗棠的軍事才能，多番提攜，才讓他有機會單獨帶兵，發揮其謀略和才學。

可左宗棠善妒之心太重，因為自己科舉無名，所以對那些因科舉而仕途順利的人很是憎恨，尤其是對曾國藩，他認為自己韜略才學和軍情謀略都遠勝於曾國藩。

左宗棠瞧不起曾國藩是盡人皆知的事，多次不留情面地批評他「才短」「欠才略」「才亦太缺」「於兵機每苦鈍滯」。面對左宗棠的譏諷之言，曾國藩從不放在心上，不僅自己置之不理，也要求親朋好友不要回擊。

曾、左早期合作的順利，建立在曾國藩深厚的修養之上。左宗棠的暴躁脾氣是圈內有名的，有一次他罵總兵樊燮太過厲害，鬧到了京城裡，皇帝下令要斬殺左宗棠。曾國藩認為左宗棠是國之棟樑，是大清的人才，不計前嫌，從中調和，讓左宗棠死裡逃生。

後來因為左宗棠背後插刀，使得曾國藩和弟弟險些喪命，二人關係徹底中斷，在接下來的8年裡不再有任何交集。可即便如此，曾國藩也從不在與左宗棠關係這件事上斡旋半分。一如曾公家訓：戒多言，不糾纏。對於左宗棠，曾國藩允許他成為過去式，即使他從未停止對曾公的諷刺。

後來，左宗棠擔任陝甘總督時，由於西北物資匱乏，無法籌足軍需儲備，四處向同僚求助，卻無人幫助。只有曾國藩，放眼於大局，不計較之前的任何舊賬，積極籌措，幫助左宗棠解了後顧之憂，解了西北之困。

從史料研究中不難看出，左宗棠一生不服曾國藩，終以怨報德，而曾國藩卻從未想要和左宗棠爭出個輸贏高下。曾公的「克己之功」也體現了他「既過不戀」的人生哲學。

玄色《守藏》中有一句話：只有弱者才會回頭看，強者永遠都把目光投往前方。弱者總顧著回頭，強者都在忙著變強。不糾纏，懂放過，才是強者姿態。

《生死疲勞》中有一句話：「世事猶如書籍，一頁頁被翻過去。」人要向前看，少翻歷史舊賬。無論是過去的成功還是過去的頹敗，都是已經寫完的篇章。未來的人生故事如何，結局怎樣，取決於當下怎麼寫。

不懂得翻篇，人就會在過去的漩渦中不斷消耗。學會翻篇，允許過去的留在過去，才是對當下自己最大的關愛。未來學著置頂自己的翻篇能力，讓往事隨煙，讓餘生盡是眼前風景。

留足力氣讓自己高興

林語堂說：「生活的智慧在於逐漸澄清濾除那些不重要的雜質，而保留最重要的部分。」人之所以累，就是因為不懂得孰輕孰重，不知道如何在生活中做出取捨。什麼最重要，什麼不重要，什麼該刪除？什麼該保留？人活在世，一定會有所求，也會為其所累，我們所做的一切都只是為了獲得自己追尋的內心的愉悅和生命的美好體驗。

學會保留內心的簡單和適當的私心，把累人的好強和擾人的過往統統過濾、消除，永遠把讓自己高興作為成全他人的前提。只有做到這些，人才能活得輕鬆灑脫，日子才能過得不累。

學會簡單，別想太多

三毛曾說：「我不求深刻，只求簡單。」**從簡單到複雜，是上半生的成長；從複雜到簡單，是下半生的修行**。很多時候，人之所以活得累，並不是因為日子有多苦，而是源於自己想得太多。同事間的一句玩笑，別人不經意的一個眼神，都能讓你揣摩許久。有時候，你的一個小小的失誤，別人根本沒在意，你卻自己內心不安；一件無足輕重的事情，別人不以為然，你卻患得患失。

正如《新唐書．陸象先傳》一書中寫的那樣：「有心者有所累，無心者無所謂。」面對一件小事，想多了悶悶不樂；面對一件大事，想多了不堪重負；面對一件好事，想多了反倒成了負累；面對一件壞事，想多了就成了永遠跨不過去的坎。

人生累，就累在想得複雜，想得太多。凡事想得簡單，灑脫一點，自然就沒這麼累了。想法單一，把複雜的問題簡單化，不揣摩他人，不胡思亂想，不懷疑自己。

想法簡單，才能活得快樂；生活簡單，才能過得輕鬆。

學會自私，別太懂事

你是不是經常有這樣的困擾：

擔心自己得罪人，所以別人讓你做什麼你就做什麼，不敢拒絕？

擔心他人對自己有想法，所以別人說什麼就是什麼，不敢反駁？

只要自己有能力，就會不留餘力地幫助別人，即使這會讓你很為難？

你處處為他人著想，不想讓別人失望，你總站在對方的立場做出讓步，最後卻委屈了自己。很多時候，我們之所以不快樂，就是因為太懂事了。你退步得越多，別人越是得寸進尺；你體諒得越多，別人越覺得你沒底線。

有人說：**「人這一生，想要活得舒服，需要三分底線，五分原則，一點『自私』。」**在不傷害他人的基礎上，更加關注自己的想法和需求，最大限度地忠於自己的內心。做一件事情的出發點是「我願意」「我喜歡」，而不是「別人覺得我應該做什麼」「別人希望我怎麼做」。做一個「自私」的人，在替他人考慮之前多為自己想一想。

只有照顧好自己，才能去照顧他人；**只有懂得愛自己，**

才有能力去愛他人。

學會示弱，別太逞強

聽過一句話：「最能成事的人，不是事事勝人的人，而是自身有極強之處，卻能示弱、敢示弱、會示弱的人。」

很多時候，我們活得累，就是因為習慣了偽裝堅強。都說成年人的世界，依靠自己的人太多，而自己能依靠的人卻太少。無論是工作上還是生活中，很多人凡事都親力親為，壓力都自己扛，即使再苦再累也不想開口，不願求助。久而久之，電話這頭的「我很好」、人前強裝的「我沒事」都成了不能言說的委屈。可我們終究是平凡的普通人，也會有吃不消、扛不住的時候。

適時地示弱，不是無能，而是一種柔軟的智慧。承認自己的疲憊和力不從心，褪去強硬的外殼，你才能收穫幫助；承認自己的缺點和不完美，敢於做真實的自己，你才能活得快樂。任何時候，別把自己逼得太緊，向內探索，向外求助，即使身處絕境也有可能迎來柳暗花明。

弱者才愛逞強，因為害怕被當成弱者；強者卻懂得示弱，因為明白示弱也是一種蓄力。

學會善忘，別太執著

古人云：「人生不如意之事，十之八九。」人每走一步，就會有得失，每經一事，都會留遺憾。真正灑脫之人，不是對凡事都不在乎，而是懂得儘快忘掉不開心的事情，不為往事煩惱。就像巴爾札克說的那樣：「如果不能忘記許多，人生則無法再繼續。」

生活若想繼續，往事就得翻篇。忘記一些事，你才能去做更有意義的事；忘記一些人，你才能去愛更值得愛的人。

年紀越大越發現，原來善忘是一種人生智慧。正如有句話說得好：「縱使歲月不饒人，唯有善忘是高人。」忘記煩惱，給快樂騰出位置；忘記仇恨，把善良常放心間；忘記痛苦，讓幸福回歸生活。

善忘卻不健忘，大度卻不糊塗，把笑容常掛臉上，不執著過往，不憂慮未來。

學會悅己，讓自己開心

悅己是一切美麗的開始。可生活中，我們更習慣去取悅他人，即便需要違背自己的心意也在所不惜。我們努力地想要演好每個角色，做工作中的強者，做生活中的能人，卻常常忘了做真正的自己。我們吃力地想要做好每件事情，讓父母放心，讓家人安心，讓朋友舒心，卻總讓自己不開心。

「你若想得到這個世界上最好的東西，你先得讓世界看到最好的你。」懂得取悅自己，欣賞自己，讓自己輕鬆，你才能心中充滿陽光，腳下步步生風。

悅己，是人生的大智慧，是積極的人生態度。接納自己的平凡和不完美，在和解中取悅自己；放下生活中的得失與成敗，在放下中取悅自己；培養自己的興趣，堅持熱愛，在專注中取悅自己。

學會取悅自己，不委曲求全，不忽視自我，無論外界如何評價，只求問心無愧，只做讓自己快樂的事情。

＊＊＊

尼采說：「親愛的，你要清楚自己人生的劇本——你不是你父母的續集，也不是你子女的前傳，更不是你朋友的外篇。對待生命，你不妨大膽冒險一點，因為你遲早會失去它。」

沒有誰的生命該被定義，沒有誰的生活該被綁架。即便我們有100種身分，其中最重要的一個身分，永遠是做好自己。

轉眼人生的上半場已過，生命和時間開始顯得尤其珍貴。與其抱怨時光飛逝，不如珍視當下；與其繼續謹小慎微地生活，不如立刻改變。

願你依心而行，活得不累，活得勇敢，活得耀眼。**真正地為自己而活，按自己喜歡的方式活得漂亮。**

第四章

屏蔽無用資訊和無效社交

＊＊＊

最好的獨處方式，莫過於在獨處中享受安靜，在獨處中取悅自己，在獨處中豐富自己。

真正厲害的人，都在過有秩序的生活

生活中你是否有這樣的經歷？

做一件事情的時候，腦子裡想著另外一件事情，最後什麼事情都沒記住；

重複的工作佔據了大量的精力，像陀螺一樣每天不停地轉，始終留不出時間充實自己；

睡前玩手機，起床第一件事也是看手機，被和自己無關的資訊佔據了大腦；

狀態逐漸在無序中變得虛弱無力，以至於稍有波動就會心慌意亂……

但是生活總是充滿了不確定，不管有沒有準備好，我們都會被生活推著向前走。我們能做的就是建立秩序，給生活形成一道能夠抵擋外界紛擾的壁壘，過井然有序的生活。

那些遇事不亂，舉重若輕的人都具備不易被擊碎的秩序感。

狀態有序，不困於生活的低谷

有一位網友幾年前經歷了人生的低谷，不管是事業還是感情上都有很多的無可奈何，那段時間每天都無精打采，對什麼事情都提不起興趣，工作不拖到最後一天根本不想做，時常因為不想起床而遲到或乾脆請假，每天只在手機裡找尋一點點的慰藉，生活陷入了完全失控的狀態。就這樣過了幾個月的時間，雖然她什麼都沒有做，卻感到無比疲憊。

她開始害怕自己會被這樣失控的狀態吞沒，於是嘗試自救。每天早晨起床後第一件事就是鍛鍊身體，用更好的狀態迎接新的一天；早餐也不再隨便吃一口，開始注重營養搭配。

投入工作之前，列出今天的待辦事項，緊急重要的先做，緊急不重要的儘快做，重要不緊急的有耐心地做。每天下班之前，看著待辦事項後邊的每個勾，就是對自己最好的獎勵；工作之餘，給自己一點放鬆的時間，晚上的閒置時間用來閱讀、寫作。

神奇的是，她就是在這樣一件件小事裡，逐漸找到了對生活的掌控感。後來，她一直堅持自律的生活，保持著有序的節奏，狀態也越來越好了。

她說：「正是這些讓自己愉悅的小事、良好的生活習慣，慢慢把情緒撫平，讓自己重新建立起了有序的狀態。」

生活越失控，越要去做一些微小而穩定的事情。這些看似微小的習慣，能夠培養自信心，也讓我們可以感受到生活的確定性。

人生難免遇到困境，重要的是擁有調整自己的能力和方法。該吃飯的時候吃飯，該工作的時候工作，就是在這些具體的事情中，藏著讓我們走出低谷的能量。

專注當下，不憂於內心的慌亂

你是否有過這樣類似的體驗？

因為工作上的失誤被上司批評，在接下來的工作中，帶著別再犯錯的過度擔憂，反而導致接連出錯；

晚上加班很晚，睡過頭沒有趕上地鐵被扣錢，一氣之下和沒有安慰你的男朋友吵了一架。

我們總是被一些小事所影響，導致內心開始失序混亂。

《心流》中有這樣一個真實案例。胡里歐車子的輪胎壞了，但要到下週末才能領到薪水修車，於是他一大早把車開到加油站，給輪胎打滿氣，下班時氣漏光了，他再到工廠附近的加油站打滿氣後再開車回家。第四天駕車到工廠時，那個破輪胎幾乎已扁平，連方向盤都很難控制了。一整天他都在擔心：「我今晚回得了家嗎？我明天能準時上班嗎？」他的心思全被這個煩惱佔據了，這使他無法專心工作，情緒也開始變得不安起來。

因為工作心不在焉，拖延了全組的工作流程，遭到了鄰組的一位同事取笑，本就情緒不佳的他和同事爭執起來。從一大早到下班，他的緊張情緒不斷升級，最後不僅耽誤了工作，也影響了人際關係。

有的時候不是生活有太多煩惱，而是你總是把注意力放在煩惱上。當大腦被負面情緒佔據時，我們會產生各種情緒，痛苦、恐懼、憤怒、焦慮，打亂內在秩序。

大腦越混亂，內心越失序，人越無法平靜下來，以至於你的工作生活變得一團混亂，而內在穩定的人不會糾結於已發生的事，只會專注於當下的事。

那些厲害的人都懂得，沉浸在當下，才能帶來內心的秩序和安寧。專注當下，是讓內在從無序到有序最簡單的方法。

調整自己，不懼人生的變化

物理學中有個「熵增定律」，指如果不及時干預，事物會從有序逐漸走向無序，直至走向滅亡。

在如今這個變幻莫測的時代，我們也是如此。如果不及時調整自己適應這個時代，生活也會逐漸變得困難重重。所以我們要做的就是，讓自己保持一種可塑的狀態。

米莉在雜誌社工作了6年，在30歲那一年她意識到，自媒體在逐漸代替傳統媒體，自己所在的行業即將面臨困境，於是開始調整職業方向，準備轉戰自媒體行業，她買了很多相關的書，請教了相關的老師。

她開始學習經營自己的博客和社交帳號，空閒的時間筆耕不輟。幾年的時間，傳統媒體受到自媒體的影響，原來的同事很多都被迫失業，而米莉在自媒體行業已經風生水起，她不僅成功運營了自己的帳號，積累了很多粉絲，還有了自己的工作室。

在42歲那年，她發現身體健康太重要了，於是開始健身，注意飲食和生活規律，不僅身材比同齡人好，而且精力比行業裡的年輕人都強。她說：「一個好的身體能夠讓自己保持良好的狀態面對工作。」

我們都明白，自己改變不了世界，但可以調整自己適應時代。不願意改變的人，面對變化，要麼無法應對，要麼被時代拋棄。而保持隨時調整提升自己的人，才能跟上時代的步伐，順勢而為，乘勢而上，在競爭激烈的世界裡獲得自己的一席之地。

老子說：「沒有規矩，不成方圓。」保持自律的態度，才能有自由的人生，用有序的生活方式走出低谷的人生，用專注的狀態消除內心的慌亂，用不斷調整升級的心態應對人生的變化。

成年人的社交真相：刻意合群，不如獨處

微博上有網友提問：我不合群，需要改嗎？

有人評論：「不需要改，因為俄羅斯方塊告訴我們，你合群了你就消失了！」

合群是一群人的狂歡，而成長更需要的是一個人的孤單。真實的社交真相是，愚者合群，智者同頻。成年人的社交，從來都是求同存異，刻意合群，不如獨處。

《奇葩說》曾有一期辯論是關於「不合群，要不要改」這個話題，有人說要改，因為不合群說明你不好相處，你脫離了大眾；也有人說不改，因為這是對不合群的人的歧視；還有人說，堅決不能改，因為不合群說明你知道自己想要什麼……

辯手顏如晶說：「不合群只是表面的孤獨，合群了才是真正的孤獨。」

這句話戳中了很多人，日常社交中，有多少人選擇合群，是因為害怕孤獨？相反，選擇不合群的那些人無疑是內心強大的，因為他們戰勝了內心的恐懼和脆弱，敢於面對自己真實的需求。

作為成年人，如果忽視自己的內心，刻意追求合群，那麼這不叫合群，叫偽合群！與其淪陷在偽合群的陷阱裡，不如專注自我，選擇獨處，在安靜的時光裡強大自身。

＊＊＊

我剛工作時，經常打交道的小芳將我拉進了一個微信群，說大家會經常邀約聚餐。我很感激她，畢竟作為一個新人，被集體接納也是很重要的一件事。於是，她帶著我參加了第一次聚餐。

在一家燒烤店，有十多個人圍著很長的餐桌，打遊戲的、聊天的、講故事的……其中不乏一些人在吹噓和炫耀。我感到不適，因為大家全程沒有一點有意義的交流。客套的敷衍，機械式的吃喝玩樂，違背本心地找話題，壓抑的氛圍和令人生厭的討論，都令人疲倦、窒息。

消耗自己的時間和精力去做一些毫無意義的事情的「合

群」，就是一種「偽合群」。它讓我們忽略自己、委屈自己，從而迎合他人，獲得外界的認同。久而久之，我們會逐漸失去真實的自我。

這種聚餐其實就是沒有意義的「偽合群」，浪費時間。

好不容易活動結束，在群裡看到平攤費用人均上百，我再次感到無奈，看到群裡大家紛紛發出來的轉帳紀錄，我默默把自己那份隨上。但心裡想，以後再不參加這種活動了。也是這次聚餐讓我意識到，自己根本不適合這個圈子，如果強行融入，我只會感到壓抑。後來，儘管小芳極力邀約，但我再也沒參加過這樣的活動。

為了顯得合群，選擇加入一個圈子，到最後卻發現，我們不僅沒有從中得到收穫，反而浪費了時間、金錢，甚至消耗了對人際和社交的熱情。所以，比起刻意追求合群，更重要的是要學會享受獨處，不斷提升自己，塑造更強大的自我。

＊＊＊

記得讀大學時認識的一個女生，很不合群。那時大家都有自己的小團體，只有她一直獨來獨往，從不和人組團。當室友忙著學化妝、談戀愛、蹺課時，她卻總是揹著雙肩包行走在寢室、食堂、教室和圖書館之間。當班上同學都在積極參加各種社團活動時，她卻拒絕了邀請，選擇獨自在圖書館查資料、寫課題。大家都說，她是一個孤僻的人。

到了大三下學期，要開始準備論文，我們才意識到，大學三年過於荒廢，開始為寫不出論文發愁，為找工作擔憂。大家都身處焦慮，唯有她是例外，因為她被順利保研了。這個結果讓我們深感意外，卻又在情理之中。畢竟在我們嘲笑她不合群時，她已經默默努力了無數個清晨和傍晚。在我們追求合群，追求一群人的狂歡和喜樂時，她選擇了一個人的孤獨和堅持，那些獨處的學習時光早已預示著她的成功。

因為刻意追求合群，我們耗費了大量的時間精力，收穫的卻是一事無成的懊悔與沮喪。倘若我們內心足夠強大，又怎麼會輕易被偽合群打倒？

人最應學會聆聽內心，做真實的自己，而不是在盲目合群中迷失自我。我們應該學會獨處，利用獨處時間去提升自己，找到自己真正的熱愛，強大自身。

只有弱者才會一味追求合群，不斷沉淪；而強者不僅忠於自己的內心，還善於獨立思考，利用獨處來不斷強大自我。

有時候，我們總是太過於在乎外界的看法和評價，於是百般迎合，強行合群，從而失去自我。《圍爐夜話》中有言：「濫交朋友，不如終日讀書。」你以為在合群，其實，只是被平庸所同化。維持社交關係的最好方式，是讓自己的實力越來越強，將時間和精力用來提升自我，才會有愜意的人生。

＊＊＊

刻意追求合群，是一種偽合群，是對自己、對生活的妥協，我們要學會合理地合群。年幼的小鵝，放在鴨群裡是隻公認的醜小鴨，只有找到屬於牠的天鵝群，才能感受到和同類在一起的美好。不是一類人，刻意迎合，反而會讓人覺得不舒服。

比起偽合群，那些不太合群的人更加清楚自己的目標和需求，懂得追求自己想要的東西，喜歡在獨處中沉澱自己，在作品中展現自己。馮驥才先生曾說：「平庸的人用熱鬧填補空虛，優秀的人以獨處成就自己。」拒絕合群，選擇獨處，利用獨處沉澱出更優秀的自己。

其實，不需要刻意去合群、放棄自己融入集體，適當地將精力多花在自己身上，學會和孤獨握手，反而會更加舒適從容。

學會獨處，才能擁有更多思考時間，去明晰內心的真實需求，去不斷提升學習和工作效率，去擺脫紛繁複雜的人際關係，從而重獲內心的平靜和情緒的安穩。

余華曾在《細雨中呼喊》寫道：「我不再裝模作樣地擁有很多朋友，而是回到了孤單之中，以真正的我開始了獨自的生活。有時我也會因為寂寞而難以忍受空虛的折磨，但我寧願以這樣的方式來維護自己的自尊，也不願以恥辱為代價去換取那種表面的朋友。」

與其被虛構的熱鬧和人群所束縛，不如享受一個人的孤獨與自在。那些浮於表面的關係並不能帶來真實的快樂與安慰，只會放大內心的空虛與無助。

在現實生活裡，我們有很多這樣的經歷：為了合群，我們會交很多朋友、經常參加各種聚會、認識很多人，自以為是社交高手，然而很多關鍵時刻，竟然不知道找誰才好。

我們不斷追問合群的意義到底是什麼？為什麼認識那麼多人，到最後依舊覺得沒有什麼用？為什麼通訊錄裡有這麼多人，卻基本上很多都沒有再聯繫？

刻意追求合群的本質是低品質社交，實際上毫無意義。

只有拒絕無效社交，做真實的自己，才能利用獨處時間不斷增強實力。只有不斷提升自己，才能吸引同頻的人，進入更優質的圈子。

做自己這件事，難守難攻

人活一世，難免會遭遇深溝暗渠。一不小心，便容易隨波逐流，迷失自我。無論身處何種境地，唯有守住自己，方能在泥沙俱下的人世間走出一條光明大道，行穩致遠。

守住自己的言行

《莊子・人間世》有云：「言者，風波也；行者，實喪也。」意思是說，人的言論就像風動水波一樣，不經意間的一句話，就可能帶來不必要的麻煩。

明代大學士徐溥在少年時代，為了檢點自己的言行，在書桌上放了兩個瓶子。每當心生一個善念、說出一句善言或做了一件善事時，便往瓶中投入一粒黃豆；若言行有什麼過失，便投入一粒黑豆。天長日久，瓶中的黃豆漸多，黑豆卻無。直到後來為官，他還一直保留著這一習慣。因為他言語有節，行事恭謙，嚴於律己，卻從不究人小過，在朝中多年，謹慎如斯，因此成為一代賢相，以「四朝元老」的殊榮告老還鄉。

《論語》有云：「訥於言而敏於行。」為人處世，說話做事要深思熟慮，言不妄出，行之謹慎。**守住自己的言行，便是守住安身立命的智慧**。

守住自己的內心

村上春樹說：「別人怎麼說與你無關，儘管按照自己的意願去生活。」如果一個人能被別人輕易地打破內心的平靜，那麼他對自我是沒有掌控的。

有位同學曾在微信群裡說，她每看一遍朋友圈，內心就忍不住一陣翻騰——有人在馬爾地夫潛水，有人在芭達雅跳傘，有人曬著孩子的大學錄取通知書，有人住豪宅、開名車。她呢？在格子間裡吹著風扇，吃著盒飯，汗水黏在額頭上，翻到塊肉都覺得欣喜。每每想到這些，她就覺得焦躁、難過，總會想憑什麼別人有錢、有休閒時間，自己卻如此差勁？當她閒下來時，滿腦子都是如何一夜暴富的想法，根本無心做事。即便工作起來，她也是看上司不順眼，看同事覺得煩。

其實，心是無垠無際的，如果從心裡生出的欲望不加限制，就是一個無底洞。這時無論你得到多少，你都會覺得遠遠不夠。

歌德曾說：「每個人都應該堅持走為自己開闢的道路，不被流言嚇倒，不受他人的觀點牽制。」守住自己的內心，便是守住了純粹自我的珍貴。

守住自己的節奏

有一個熱愛跳舞的白族小姑娘，自小常在鄉野間觀察蜻蜓和蝴蝶，透過模仿牠們的肢體動作，琢磨出一套舞蹈動作。就這樣，她憑著自身的努力和天賦，從山村田野一路跳進了中央民族歌舞團。後來，她獨創的孔雀舞不僅拿下全國舞蹈大賽冠軍，7次登上了央視春晚，還跳出了國門，完成了從舞者到「舞神」的蛻變，成了人們心中的神話。她就是舞蹈藝術家——楊麗萍。

然而，當楊麗萍在社交網路平台上發出一段日常吃火鍋的視頻後，網友的一條「一個女人最大的失敗就是無兒無女」的評論一石激起千層浪，瞬間讓她備受爭議。

面對嘲諷，她坦露心聲：「有些人的生命是為了傳宗接代，有些是享受，有些是體驗，有些是旁觀。我是生命的旁觀者，我來世上，就是看一棵樹怎麼生長，河水怎麼流，白雲怎麼飄，甘露怎麼凝結。」

有人三分鐘泡麵，有人三小時煲湯；有人選擇種小麥，有人選擇種玫瑰；有人20歲結婚，卻把生活過得一團糟，有人30歲單身，卻活成很多人想要的樣子。

有一首詩中這樣寫道：「紐約的時間比加州的時間早3小時，但加州的時間並沒有變慢。」作家周國平曾與朋友有過這樣一段對話——他的一位酷愛詩歌、熟記許多名篇的朋友感嘆道：「有了歌德，有了波特萊爾，我們還寫什麼詩！」周國平與他爭論道：「儘管有歌德，儘管有波特萊爾，卻只有一個我，我是歌德和波特萊爾所不能代替的，所以我還是要寫。」

不管是按照別人的想法活，還是活成別人的樣子，都是對人生最大的誤解。我們每個人都應追隨自己的心，活成獨一無二的自己。

守住自己的節奏，便是守住從容篤定的人生。

＊＊＊

〈中心〉一詩中寫道：「你必須守住自己偏遠的中心，地動天搖也不要遷移。如果別人以為你無足輕重，那是因為你堅守得還不長久，只要你年復一年原地不動，終有一天你會發現，這個世界開始圍繞你旋轉。」

心若不亂，萬事皆安。**生活波瀾，命運起伏，我們雖無力斡旋，卻可以選擇以何種姿態迎之**。願你我都能守住自己，謹言慎行，保持自我，不慌不忙，活出清醒、通透的人生。

心若蓬勃則必勝，心若衰敗則必弱

很多人做事不順，往往不是敗於方法，而是敗於內心的負面情緒：恐懼、不甘、憤怒……唯有內心穩定，才能自尊自信，從容應對人生。

想要培養穩定的內心，有四個辦法可以幫助你：杜絕內耗、減少期待、堅定自我、目標明確。

成為內在穩定的人，不懼前方風雨交加，世界也會對你溫柔以待。

杜絕內耗

蔡瀾說，人生大部分的焦慮，都源於想太多，內耗越來越嚴重。

在工作或生活中，你是不是經常會遇到這種情況？遇到事情時總會胡思亂想，內心焦慮地上演了一部部大戲，等到做事時已經疲憊不堪。

《星空下的對話》中談到，現在的人因內耗而容易產生焦慮。對此，張朝陽給出了好的建議：**面對焦慮情緒，不必急於消滅，而是去做該做的事情**。

有位網友講過這樣一個故事：曾經的自己貪圖安逸，選擇了離家近、薪水低的工作，但他很快就發現自己曾經的工作經歷竟然毫無優勢，而且失業的恐慌也迅速擊垮了他。在相當長的一段時間裡，他不斷地懷疑自己，質疑自己的能力，深深陷入了內耗的痛苦中。後來，在朋友的鼓勵下，他認識到反覆糾結沒有用處，唯有付出實際的行動和努力才是正解。在就業不明朗的前景下，他頂住壓力毅然辭職，轉投其他公司成為一名培訓師。他白天全身心投入培訓工作，晚上堅持複盤分析。走出內耗、敢於行動的他在入職的第三個月就獲得了新人最佳的業績獎。

對於內耗，《人民日報》曾發文提到：不妨勇敢一點，大膽衝破禁錮自己的牢籠，打破那些不可能。想太多，反而耗盡了精力和動力，越來越懼怕付出行動。

停止內耗，大膽行動，才不會徒增煩惱，生活才會越過越順利。

降低期待

心理學家吉洛維奇做過這樣一個實驗：他讓一些大學生穿上知名歌手的T恤衫之後，去一間有很多學生的教室。按照設想，他認為這些大學生會因為穿了明星潮牌而受到在場學生的特別關注。實驗結果卻出乎預料，僅有25%的學生注意到了他們。

抱持的期待越高，就越有可能得到更大的壓力和更多的失望。**期待太高，會導致人和事之間都無法維持一個和諧的狀態**。

越是什麼都想要，越是什麼都得不到，人生會陷入求而不得的循環往復中。聰明的人會用認真的心對待每個過程，以平常的心去對待結果。降低期待，就不會有更多的失望，生活反而會更和諧安寧。

堅定自我

法國現代原始畫派畫家薩賀芬，曾經是眾人眼中的「怪胎畫家」。白天，她忙碌於打零工賺點微薄薪水；晚上，她便借著微弱的燭火，如飢似渴地趴在地上畫畫。周圍的女工都不理解她的行為，嘲弄她省錢買顏料還不如買煤炭取暖實在。

薩賀芬毫不在乎周圍人的議論，就這樣默默地堅持了40多年。命運終於青睞了她，法國藝術評論家伍德被她獨一無二的天賦和靈氣打動，當即表示要資助她學習並為她開畫展。這給了薩賀芬極大的信心和鼓勵，為了實現在巴黎開畫展的夢想，她更加投入創作。

造化弄人，戰爭的爆發使得薩賀芬的夢想破滅了。面對被戰亂和貧困摧毀的家園，周圍的人都選擇麻木度日，唯有薩賀芬心中仍堅守著對畫畫的熱愛。她選擇每天只吃一頓飯，盡可能地節省下錢用於畫畫。

十多年後，伍德再次遇到了薩賀芬，他震驚地發現薩賀芬不僅沒有放棄畫畫，而且還創作出了更多優秀的作品。在伍德的說明下，薩賀芬的作品迅速獲得了認可和好評，薩賀芬也因此成為名留青史的藝術家。

《菜根譚》中提到：不為外相所惑，保持自我。**做人，無論在外部遇到怎樣的誘惑和挑戰，都應該做好自己**。生活中，人常常會因為不自信而去聽從他人的意見，這反而導致做事時舉棋不定。《人民日報》曾發文提到：不同的選擇給予你不同的生活路徑，只要認定你內心真正想要的，並持續為之努力，每個人都會成為自己的人生贏家。所以，自己的命運只能被自己主宰，不要被他人的想法所干擾，認定自己內心的渴望並努力為之奮鬥，才有可能到達你想要去的彼岸。

目標明確

王陽明說：「志不立，天下無可成之事。雖百工技藝，未有不本於志者。」意思是說，如果你沒有志向，任何事情都做不成。即使有千百種技藝存在，但如果你沒有目標，也做不成任何事。

想成事，必須設定清晰的目標，才會有努力的方向和動力。

青年作家張萌，初中時恰逢申奧成功，受到鼓舞的她在一次班會上表示自己要當奧運會志願者。因為她平時沉迷遊戲、成績很差，老師不僅嘲笑她沒有資格，平時交好的同學們也紛紛表示懷疑。被挖苦、諷刺、嘲笑後，張萌從之前渾渾噩噩的生活中驚醒過來，她發誓一定要當上奧運會志願者。

為了這個看似不可能實現的目標，她付出了超乎尋常的努力：凌晨兩點還在學習，高考前甚至一度每天學習20小時，最終成功考入全國著名的浙江大學。因為奧運會志願者是在北京學習的大學生中選拔的，她在所有人的不理解中選擇退學，棄理從文，考入北京師範大學。

大學時得到了與知名模特兒公司進行簽約的機會，她也毫不猶豫地放棄了。憑著這一股執著和渴望，張萌從志願者候選隊伍中脫穎而出，最終成為當時唯一的大學代表及第一批奧運火炬手。

電影《銀河補習班》中有句台詞：「人生就像射箭，夢想就像箭靶子，如果連箭靶子也找不到的話，你每天拉弓有什麼意義？」很多時候，我們習慣了隨波逐流，學習時沒有興趣，工作時沒有動力。長此以往，我們的人生將會越來越脫離掌控。

學會為人生設定目標，即使努力的過程再辛苦勞累，也會懷揣實現最初夢想的勇氣砥礪前行。**心若蓬勃則必勝，心若衰敗則必弱**。這四種方法，會讓你變得溫柔而強大，充滿力量和信心。

生活沒有固定的軌跡，只有內心穩定，才能使你快意時不驕不躁，失意時毫不失志。

只有減法能解複雜的人生方程式

提起「減法思維」，賈伯斯是不能不提的一個人。他的那句經典名言「Less is more（少即是多）」，至今仍為世人所傳頌。賈伯斯是嚴格的素食主義者，經常長時間只吃一兩種食物。女兒麗薩曾這樣評價他的飲食習慣：「賈伯斯知道大多數人不知道的道理，那就是物極必反。並且他深信，匱乏即是富足，自律才會產生喜悅。」

生活中，大部分人認為擁有就是幸福，但沒想到幸福是放棄擁有。決定人生是否幸福的關鍵，不是你擁有了什麼，而是你捨棄了什麼。學會給生活做減法，是一種全身心體驗人生的生活方式。

物欲上做減法

每個人的精力都是有限的，很難做到處處留心，事事盡力。不能克制物欲的人就像一個提線木偶，任憑欲望侵擾，聽之任之。大多數人的失敗，不是因為機會太少，而是機會太多。

很喜歡電視劇《財閥家的小兒子》中的一句話：「雖然人們理性上總是說，要滿足自己所擁有的，但欲望總是站在失去的失落感那邊。」

欲望如璀璨煙花，短絢即散；知足如靜水流深，滄笙踏歌。生活中很多充滿誘惑的選擇，像一個個深不見底的黑洞，使我們迷失其中。

減少對物欲的貪念，是善待自己的表現。管理好自己的物欲，可以讓你更靠近自己想要的生活。

社交上做減法

「在家靠父母，出門靠朋友」，這個金句被多數人奉為圭臬。

很多人年輕時熱衷於「交朋友」，為自己找出路，比如經常參加各種大型聚餐活動，與陌生人推杯換盞、觥籌交錯。但當朋友交多了才發現，真正擔得起「朋友」二字的人，寥寥無幾。

作家蘇岑說過：「不必把太多人請進生命裡，若他們走進不了你的內心，就只會把你的生命攪擾得擁擠不堪。」減法的本質是選擇，你選擇了應酬，就放棄了交心；你選擇了酒肉朋友，就放棄了人生知己。

生活中，與其浪費時間應酬無關緊要的人，不如把精力放在值得深交的人身上。在《你手機裡的常用聯絡人有幾個？》的社會實驗短片中，有這麼一個小實驗：參加實驗的人，手機裡都存有上千個好友。導演要求他們把通訊錄裡自己從未見過的人及因為工作等不得不聯繫的人都刪除。實驗結果出人意料，刪除好友後，參加實驗的人發現通訊錄裡只剩下2~3個人了。

心理學上有這樣一個理論：在人際關係這件事上，人的腦力是有限的，它允許每個人擁有穩定社交關係的上限為148人，而深入交往的僅為20人左右。

多個朋友不一定多條路，因為在真正需要時，那些我們以為的「出路」很可能都是死胡同。聰明的人從不浪費時間去經營人脈，不是他們不樂於交朋友，而是他們對朋友有選擇。

人生很貴，不是每個人都值得深交。學會給社交做減法，是我們的人生必修課。

情緒上做減法

民國傳奇杜月笙曾說過：「頭等人，有本事，沒脾氣；二等人，有本事，有脾氣；末等人，沒本事，大脾氣。」愚蠢的人容易情緒波動，聰明的人懂得控制情緒。

一個控制不住自己情緒的人，很容易深陷情緒的沼澤而不能自拔。限制我們人生發展的，很多時候不是才幹，而是情緒。

春秋末年，越王勾踐攻打吳國失敗，成了吳國的奴僕。作為奴僕，勾踐每日都蓬頭垢面，很多時候，連衣服和鞋子都沒得穿，只有一塊破布包裹下身。

平日裡，他需要給吳王夫差餵馬，下跪給吳王墊腳上馬，出行給吳王當牽馬人……受盡屈辱的勾踐，並沒有怨天尤人。他表面上逆來順受，私底下卻在謀劃復仇大業。10年的臥薪嚐膽，他再次起兵，一舉滅吳。

拿破崙曾說：「能控制好自己情緒的人，比能拿下一座城池的將軍更偉大。」平庸的人用情緒填補失意，優秀的人以克制成就自己。

電視劇《風吹半夏》中有這麼一個情節。女主角許半夏跟自己的生意夥伴伍建設等一群人去俄羅斯做買賣。由於同伴的疏忽，沒瞭解清楚對方的背景，所有人的錢都被騙了。這筆被騙資金對其他人來說事小，但對許半夏來說是她的全部家當，因為這筆錢，是她欠債籌來的。

面對人生中巨大的打擊，許半夏並沒因此哭哭啼啼，要死要活的，而是咬著牙，強忍著淚水，保持清醒的頭腦，先做好眼前能做的事。在其他人怨聲載道時，她沉默不語，靜靜地思考下一步該如何走；在別人放棄、離開時，她獨自留下，最終發現新的商機，扭轉了局面。

心理學上有一個著名的法則，叫「費斯汀格法則」，指生活中的10%由發生在你身上的事情組成，而另外的90%則是由你對這些事情的反應所決定。人有情緒是正常的，但不能淪為情緒的奴隸。生活中誰都有滿地雞毛的時候，但這絕不能成為你任意宣洩情緒的藉口。整理好自己的情緒，積極面對生活，才能奪得生活的主導權。在人生失意時，學會控制情緒，努力走過艱難灰暗的時光，活成自己的太陽。

真正通透的人生，都有「減法思維」

曾看到一個故事：有一個非常苦惱的年輕人去找禪師訴苦。他和禪師嘮叨了半天都沒說完，禪師便讓他雙手捧著一張紙跪在佛像前，並叮囑他一直保持這個姿勢，便離開了。

他就這樣保持一個姿勢不動，剛開始還好，時間久了，他覺得這張紙越來越重。

禪師回來後問他：「你覺得這張紙沉嗎？」他說：「太沉了，我都快撐不住了。」禪師又問：「撐不住了你為什麼不把它放下呢？學會放下，你不就輕鬆了？」

生命中很多的煩惱與痛苦，都源於不肯放下。林語堂先生曾言：「生活的智慧在於逐漸澄清、濾除那些不重要的雜質，而保留最重要的部分。」我們生命中真正需要的東西不多，真正有價值的就那麼幾樣。

繁華從來不是生活的常態，簡單才是。學會丟棄多餘的東西，遠離無效社交，失意時控制糟糕的情緒，人生才能清除冗餘，走向素簡。

停止暴露自己，學會隱藏自己

唐代書法家徐浩在《論書》中說過這樣一句話：「用筆之實，特須藏鋒，鋒若不藏，字則有病。」誠然，寫字如此，人生亦是如此。

在這個光怪陸離、紛紛擾擾的時代，若凡事總是爭強好勝，遇事不懂得收斂，吃虧的往往是自己。

懂得藏鋒、藏怒、藏言，才是做人的最高境界。

藏鋒，低調做人，不恃才傲物

古語有云：「故木秀於林，風必摧之；堆出於岸，流必湍之；行高於人，眾必非之；前監不遠，覆車繼軌。」

凡事過於張揚，自作聰明，不僅會讓人感到不舒服，還會給自己引來禍端。三國時期的楊修就是一個典型的例子。

楊修天資聰穎，年少有為，卻恃才傲物，自作主張，不懂得低調做人，最後因為自己的小聰明丟了腦袋。有一次，曹操讓工匠建花園，花園落成當天，曹操轉了一圈，什麼也沒說，在門口寫了一個「活」字就走了。工匠們一頭霧水，於是就去請教楊修。楊修聽後，笑了笑說：「門內添『活』字乃『闊』字，說明你們把門造大了，丞相不滿意。」工匠們恍然大悟。曹操再去花園時，驚奇地發現門造小了。工匠們便把事情的經過說了一遍。曹操表面上稱好，心裡卻十分不悅。

還有一次，曹操出兵漢中進攻劉備被困，進退兩難，終日夜不安寢，食不下嚥。一天，廚師給曹操送了一碗雞湯，正好夏侯惇進來，請示今晚的口令，曹操隨口說了句「雞肋」。夏侯惇出了行軍帳篷，撞見楊修，就告訴了他今晚的口令。楊修聽後說：「你趕緊讓士兵收拾東西，啟程回朝。」

夏侯惇疑惑地問：「此話怎講？」楊修解釋道：「雞肋食之無味，棄之可惜。如今，進不能勝，退又怕被恥笑，在這裡乾耗著，也沒什麼意義，過不了幾天，丞相就會讓士兵收拾東西。我只是讓大家提前收拾，免得臨時慌亂。」曹操見軍中上下都在慌忙地收東西，問清情況後，得知又是楊修自作聰明。於是，命人把楊修抓起來，以擾亂軍心的罪名，把楊修殺了。

很認同林語堂曾說過的一段話：「聰明達到極頂處，轉而見出聰明之害，乃退而守愚藏拙以全其身。」

真正聰明的人，從不會四處張揚顯擺自己，而是懂得藏而不露，低調做人。就像金庸筆下的掃地僧，看似平凡無奇，實則是內力深厚的武林高手。

人活一世，終歸要明白：鋒芒不露，則事事順遂；鋒芒畢露，則寸步難行。

做人的最高境界，無非就是：有才內斂，不恃才傲物。唯有如此，人生的大道方能一路順遂、暢通無阻。

藏怒，收斂脾氣，不做情緒的奴隸

《中華聖賢經》中記載：「急則有失，怒中無智。」真正聰明的人，絕不會被情緒左右思緒，而是懂得遇事沉著冷靜，不急不躁。

「二戰」時期有這樣一個故事。有一天，陸軍的部長斯坦頓憤怒地找林肯告狀。他氣呼呼地對林肯說：「有位少將用侮辱性的話指責我，說我偏袒一些人。」林肯瞭解事情的脈絡後，建議斯坦頓寫封語氣尖刻的信，狠狠地罵一頓，回敬那傢伙。於是，斯坦頓立刻寫了一封言辭強烈的信，然後拿給林肯看。

林肯看後，拍案叫絕、高聲叫好：「對了，對了。要的就是這樣，好好訓他一頓。」可當斯坦頓把信疊好裝進信封裡時，林肯卻叫住他，問道：「你這是幹什麼？」斯坦頓說：「寄出去呀。」

林肯大聲說道：「不要胡鬧，這封信不能寄出去，快把它扔到爐子裡去，凡是生氣時寫的信，我都是這樣處理的。

你在寫信的時候，已經解了氣，現在感覺好多了吧？那麼就請你把它燒掉，然後再寫一封信吧。」

試想一下，如果當時斯坦頓把信寄出去，又會是怎樣的結果呢？不光兩人會產生隔閡，還可能會影響當時的軍事發展，得不償失。

《聖經箴言》裡有這樣一段話：「愚妄人怒氣全發，智慧人忍氣含怒。」意思是說，愚蠢的人遇到事情，只會用情緒說話，而智慧的人，則懂得先處理情緒後處理事情。

常言道，人在盛怒之下，智商為零。誠然，人在情緒失控時，做出的大部分選擇都是錯誤的。

人非聖賢，難免會有情緒失控的時候，只是聰明的人，

都懂得藏怒，遇事先控制情緒罷了。

做人的最高境界，就在於收斂脾氣，不做情緒的奴隸，冷靜思考做事。如此，方能做出正確判斷，從容處事。

藏言，從容處事，不做無謂的爭辯

林肯曾說過一句發人深省的話：「任何決心想有所作為的人，絕不肯在私人爭執上耗費時間。」

深以為然，人活一世，難免會遇到蠻不講理或意見不合的人，與其浪費時間爭得面紅耳赤，不如不爭，去做更有價值的事情。

有一次卡內基參加一位朋友的宴會，在飯桌上大家侃侃而談，其中有位客人說了一句話，並信誓旦旦地說此句話來源於《聖經》。坐在一旁的卡內基聽後糾正客人，此話出自莎士比亞。客人感到很沒面子，惱羞成怒，於是兩人爭論不休。後來，卡內基轉頭問身邊的朋友，此話的出處。朋友看了一眼客人，說道：「此句話就是出自《聖經》。」客人聽後，一臉的驕傲得意。

宴會結束後，卡內基不滿地問朋友：「明明是對方錯了，你為何說是我錯了？」朋友平靜地回答：「首先，當眾讓對方難堪，是一種很不禮貌的行為；其次，並不是所有人都和你一樣博學多才。」卡內基恍然大悟，才有了後來的醒世名言：**在爭論中獲勝的唯一方式，就是避免爭論**。

很喜歡加措活佛說過的一段話：「不爭就是慈悲，不辯就是智慧。」

生活中，有不少人，都吃過「嘴」上的虧。當我們遇到與自己意見不合或不講道理的人時，我們要做的不是試圖說服對方，不是與對方爭辯是非對錯，而是閉上嘴，讓自己保持頭腦清醒。要知道，成年人的精力有限，與其浪費時間爭辯無意義的事情，吃力不討好，不如保持沉默，不予理會，去做更有意義的事。

正所謂，聖人之道，為而不爭。

做人的最高境界，莫過於：藏言，不在不重要的人和事上浪費口舌，浪費時間，做無謂的爭辯。

常言道：大魚沉水底，小魚浮水面。真正厲害的人早就懂得藏起來了。藏鋒，不顯山不露水，才能順風順水；藏怒，遇事冷靜思考，方能理智行事；藏言，不爭是非對錯，專注過好自己的生活。

你聽到的越少，活得就越好

近幾年，降噪耳機備受青睞。環境再嘈雜，只要戴上一副降噪耳機，再多的聲音也瞬間與你無關，你可以選擇聽見自己想聽的聲音。

快節奏的當下，被各種聲音包裹的我們愈加覺得茫然，想要更高效地活出自己的價值，就需要學會為人生降噪。

專注當下，屏蔽外界雜音

你有沒有過這樣的經歷？

工作時間，同事們在聊八卦，你聽著聽著，不知不覺就到了下班時間，手頭的工作還毫無進展；剛拿起一本書，微信提示音響起，於是忍不住拿起手機看了起來，再放下時已經是深夜。太多的資訊時刻分散著我們的注意力，把寶貴的時間一點一點吞噬。在資訊爆炸的時代，各種聲音不絕於耳，安靜成了一種奢侈。

某公司的法務部部長徐姐說，當初她剛入職，自以為只要懂得處理關係，就能升職加薪。於是她把重心放在討好上司和同事上，在發言和應酬上比誰都主動。可最後，不僅職業資格證書沒考下來，績效還低得可憐。

她這才明白，熱鬧喧譁都是表象，工作最終看的還是個人能力。於是，她把手機裡的娛樂軟體全部卸載，拒絕所有約會和應酬，在每天午休和下班後的四五個小時裡，她獨自在公司的閱覽室裡看書。閱覽室的大門隔離了一切打擾她的聲音，讓她能暫時忘記社交，心無旁騖地學習。同時，她也把這樣的專注力用在工作上，當同事們聊天八卦時，她就戴上一副耳塞，不聽是非，一心工作。

在主動開闢的寧靜空間裡，她不斷地提升自我，接連交出令人驚豔的成績。經過幾年的努力，她從一眾員工中脫穎而出，成功競聘為法務部部長。

曾經我們以為熱鬧是生活的必需品，在乎每一條消息，不願錯過每一場聚會。直到經歷多了，我們才知熱鬧易得，安靜可貴。

馬伯庸在《長安十二時辰》被翻拍後，名聲大噪，商務合作邀約不斷。他卻在構思出新的小說情節後，只顧埋頭寫作，只用11天便完成7萬字的小說《長安的荔枝》，再次火爆全網。

安靜獨處的時光往往是一個人成長最好的時機。主動屏蔽無關的喧囂，在繁弦急管中主動開闢一方淨土，方能沉澱自己，把生活越過越好。

清理心房，過濾閒言碎語

賈伯斯曾說，不要讓別人的議論淹沒你內心的聲音、你的想法和你的直覺。太在意別人的評論，只會給自己套上枷鎖，亂了本心。

表姊買了一間性價比很高的二手房，卻不見她開心，只見她愁容滿面。原來，剛搬進新房，婆婆就說這房子窗戶少了，空氣流通不行。沒過幾天，朋友們來作客，一個說房子太老，一個說格局不好，一個說空間太小……聽了這些話，表姊越看房子越覺得差，陷入了深深的後悔中，整日抱怨，甚至想把房子轉手甩賣。

她在外界的評論裡，喪失了自己的判斷，陷入了焦慮。殊不知，嘴長在別人身上，人生卻在自己手裡。無論是誰，他人終究是你生命的過客，只有自己才是生活的掌舵者。

余華在《活著》一書中寫道：「生命屬於每個人自己的感受，不屬於任何別人的看法。」無論我們在人生路上處於高峰或低谷，都無法阻止別人說長道短。過分在意他人的指指點點，只會徒增心靈的負擔；旁人的評頭論足，如果全然相信，只會使自己迷失。不生活在別人的嘴裡，把閒言碎語過濾在外，才是難得的清醒。

接納自己，停止自我聲討

在《停止你的內在戰爭》裡有這樣一個案例：一個媽媽帶兒子去公園玩，兒子和另一個小朋友推搡了一下，哭了起來，她立刻衝上前，大聲指責那個小朋友的媽媽，跟對方激烈地爭吵。可吵完之後，她卻開始深深地自責：

「我是不是太沒素質了，給孩子做了壞示範？」

「我真是個沒用的媽媽，連孩子都沒保護好。」

「我怎麼這點小事都做不好，吵架都吵不贏別人。」

孩子早已忘記了這個插曲，她卻幾天幾夜睡不好覺。其實，她一直是個優秀的媽媽，但她越想做個完美媽媽，對自己就越嚴苛，不斷給自己加碼添負，生怕做錯一點。結果，她在重重壓力下精神崩潰，只能尋求心理諮詢師的幫助。

而心理諮詢師給她的建議，是做個60分媽媽，停止向自己「找碴」。生活已經很難了，如果自己還站在自己的對立面，那人生就只剩下無盡的痛苦。多給自己一些認可與包容，擁抱不完美的自己，好運才會紛至沓來。

＊＊＊

被譽為華人脫口秀領軍人物的黃西，曾經也深陷自我聲討中。面對老師課堂上提出的問題，他明明知道答案，卻不敢舉手回答，因為腦海裡總有個聲音告訴他——「你答不好的」。工作八年，他幹的活最多，卻從不敢居功，即使他發明了公司唯一一個專利，也因為不敢申請，只能眼看別人搶走功勞。就連跟父母說話，他都緊繃著神經，總覺得自己不能讓父母滿意。

在自我否定裡，他活得消極又悲觀。後來他決心改變這一切，用脫口秀的方式調侃自己，把那些年的內耗經歷變成脫口秀中的一個個段子，講給觀眾聽。最後，他不僅收穫了觀眾的掌聲，也走出了自卑，成為出色的脫口秀演員。

《蛤蟆先生去看心理醫生》中有一句話：「沒有一種

批判比自我批判更強烈，也沒有一個法官比我們自己更嚴苛。」深以為然。許多時候，我們痛苦的根源，就是自我否定。一味自責，只會反覆咀嚼痛苦；接納自己，才能在陰霾中得見微光。

當我們停止自我聲討時，才會發現，那些我們曾以為跨不過去的深壑險溝，不過是一處處淺灘。

世間喧囂，資訊龐雜，我們無法避世而出，南山結廬，能做的只有在鬧市中，主動為自己降噪。莫為追逐熱鬧，丟失初心；莫因旁人言語，擾了心緒；莫陷自我聲討，故步自封。

在人生這場修行中，摒棄雜念，守一顆清淨的心，收穫更強大的自己。

第五章

關照自己的情緒

＊＊＊

情緒管理在人際溝通過程當中雖然不是萬能的，但如果我們不做好情緒管理，是萬萬不能的。

當你把自己活明白，成年人的生活就容易了

向內歸因，凡事先從自己身上找原因

孟子說:「行有不得者，皆反求諸己。」遇到事情，愚者總是向外找藉口，智者總是善於向內探尋，凡事先從自己身上找原因。

真正厲害的人，都懂得俯身向內，向自己的內心深挖，從而精進自己。向內探尋，能夠提高自我認知；向外探索，可以提高執行能力。一個人只有學會向內思考，才能向外生長。如果過於關注外界的喧譁，忽略了對自我的反思和專注，無異於本末倒置。

心理學上，有一個「課題分離」理論：在人際關係中，區分清楚哪些是別人的課題，哪些是自己的課題。無論遇到

多麼複雜的問題，我們能夠解決的都只是自己的課題。遇到問題時，與其指責或抱怨別人，不如先從問題出發，向內歸因，找到與自己相關的課題，積極尋找解決方案，做好自己應該做的事情。唯有在可控範圍內迅速解決問題，才能避免更大的損失。

享受獨處，學會給自己增值

胡適曾說：「獨處是自律的開始，因為在獨處的時候，人們必須誠實地面對自己。」的確如此。一個人只有獨處時才能集中全部的精力。

《新週刊》曾評價村上春樹不是作家，是生活家。這是因為成名後的村上春樹並未被名利誘惑所困，而是花更多的時間來獨處。常年的獨處時光並不曾讓他孤獨，反而使他更充實，受益終身。他常年一個人去跑步，身體因此變得更加健碩。生活和工作中的壓力也在跑步中隨著汗水一同釋放，精神和身體狀態都好過之前太多。

獨處也讓村上春樹有了更多的時間豐富自我，他寫作、翻譯、閱讀、繪畫。

叔本華說：「只有當一個人獨處的時候，他才可以完全成為自己。獨處是對定力的考驗，也是一個人最好的增值期。」

獨處時，我們面對的是完整的自己：不用迎合、不需要刻意，只用在意自己。我們可以按照自己的意志分配時間，透過自己的方式恢復精神和體力。**哪怕只是靜靜地欣賞一朵花，也是在慢慢滋養自己的精神，感受這個世界的美好，豐盈自己的靈魂。**

我們往往能夠透過自己的感知和他人的反應來瞭解自己的不足。獨處，讓我們有機會向內審視，彌補不足，花時間調整自己，成為更好的自己。享受獨處，學會給自己增值，堅持自己的理想，保持對生活的熱愛，就會有源源不斷的滿足感。

忠於自己，不活在別人的眼裡

維吉尼亞·吳爾芙曾言：「一個人能使自己成為自己，比什麼都重要。」我們總說，要成為更好的自己，但是在快馬加鞭的生活中，我們好像忘記了要先成為自己這件事。

《月亮和六便士》是毛姆廣為人知的作品，但他在「二戰」期間寫的《刀鋒》，同樣值得我們深刻體味。《刀鋒》

的主角叫拉里，是「一戰」時的美國青年飛行員。「一戰」後，美國經濟空前繁榮，拉里參戰回來也被當作英雄。在別人眼裡，拉里有名聲，有美麗的未婚妻，有親友為他提供前景光明的工作，美好富足的生活在向他招手。但是拉里卻沒有活在別人的眼裡，他在戰爭中見證了太多的死亡，對生命有著獨特的感悟，他的自我意識開始覺醒。他並不像其他年輕人那樣追求財富，而是叩問生命的意義。

毛姆寫《刀鋒》的時候，已經70多歲了，功成名就，享譽世界，憑藉以往的作品就可以過上富足的生活。但在小說完成時，他說：「寫這本書帶給我極大的樂趣。我才不管其他人覺得這本書是好是壞。我終於可以一吐為快，對我而言，這才是最重要的。」主角拉里的選擇和思考，就體現著毛姆的人生哲學。對毛姆而言，這本書是暢所欲言，別人的看法和評價只是虛無，他寫了自己想寫的東西，已經滿足了。

叔本華曾說過：「人性一個最特別的弱點就是，在意別人如何看待自己。」是啊，我們都太在意別人了，所以我們總是感到自卑、困擾，對結果感到焦慮。其實，與其卯足勁活成別人眼裡的自己，不如摒棄這一弱點，忠於自己，使自己持續發光發熱。

人生最可貴的就是忠於自己。不活在別人眼裡，關注自己的內心、忠於自己最初的心願，才能讓我們走得更遠。

培根曾說：「深窺自己的心，而後發覺一切的奇蹟在你自己。」

梭羅是美國著名的作家、哲學家，他放棄優渥的生活，在瓦爾登湖畔修建小屋，在湖畔沉思，在獨處中自省，在微風與鳥鳴之間感受自己，最終寫下《湖濱散記》一書。他在書中說：「如果你把目光朝內看，就會發現，在你的思想中有一千個領域尚未被發現。」

向內看的人，找到的是清醒高效的世界，挖掘的是自由燦爛的時光，打造的是獨立閃耀的自己。享受獨處，學會給自己增值。忠於自己，不活在別人眼裡。

願我們今後都能向內挖掘，面對自己的內心，看到真實的自己，在平凡中創造奇蹟。

成為心態的主人，不做情緒的奴隸

《荀子》中曾曰：「怒不過奪，喜不過予。」

高層次的人更懂得控制自己的情緒，更懂得為自己的情緒負責，懂得控制情緒中的人格和修養的意義，內心沉穩，喜怒不形於色。

一個人的層次不是由社會階層、財富、學識、地域或出身背景決定的，而是由眼界、格局、經驗、閱歷、三觀、自控力和情商來決定的。

＊ ＊ ＊

最近小夢和我說她又辭職了，這已經是她第三次辭職了，每次都工作不到三個月就直接走人。這次辭職的理由是老闆不夠重視她，總是安排她做一些無關緊要的工作。而真正的導火索是她和同事起衝突，還大打出手，說同事欺負她。事實上，是小夢太任性，容不得別人對她有一點意見。她的上司讓她和同事和睦相處，相互退一步，可是她堅持自己是對的，然後在轉正的第十天走了。

她說自己這次是真的想留下來，好不容易找到一個自己喜歡的工作，而且公司的環境和福利都好，可就是沒控制住自己的情緒，太任性了，她覺得自己都已經當同事的面發脾氣了，拉不下臉來道歉，最後只能離開。

她說完後一通抱怨：「你不知道我實習期三個月過得有多苦，每天做的都是些雜事，端茶、倒水、買咖啡、列印文件，還兼清潔員。每天做著這些枯燥的工作，也沒見給我安排什麼比較重要的工作。」

我回答：「誰的職場不委屈，誰開始工作不是從打雜開始的？每個人都有自己的情緒，你已經是成年人了，要學會為自己的情緒買單，不要栽在自己的壞脾氣中。」

小夢如果不那麼任性，能夠控制住自己的情緒，她就不會像現在一樣後悔，能夠在自己喜歡的公司工作。她只要努力一點，主動一點，就會得到更多的機會和發展空間。

我們應該把自己的脾氣和情緒調成靜音模式，不動聲色地對待工作。而真正優秀的人以成事為目標，會把傷害大局的壞情緒擺在一邊。你只有控制住壞情緒，才能提升自己的能力。其實壞情緒就是你智慧不夠的產物，如果你連自己的情緒都控制不了，即便給你機會也把握不住。

你要做的是成為心態的主人，而不是情緒的奴隸。

＊＊＊

琳琳和我說她媽媽總是控制不住情緒，還特別愛抱怨和嘮叨。她媽媽的壞情緒就像傳染病，傳染給家庭裡的每一個人，使得那一整天家裡的氛圍都是低沉的。

那天，琳琳爸爸買了一台有助於頸椎拉伸的器械床回來，這本是好事，可是在組裝過程中遇到問題，組裝好後不能很好地運行。琳琳的爸爸組裝完趕著去工作了，琳琳的媽媽想試用一下，但是操作了很久，都不能達到好的效果，吃晚飯時，她媽媽一頓抱怨：「這買的是什麼東西，一點都不好用。還說是買給我的，其實是你爸自己要用的。你爸就是個自私自利的人……」她媽媽開啟抱怨模式，完全停不下來。

琳琳本來在廚房裡幫媽媽，也想勸勸媽媽。可是她媽媽情緒一上來，就控制不住了，連帶著數落琳琳。

琳琳媽媽控制不住壞情緒，使得原本一個氛圍歡樂的家庭籠罩在一片愁雲慘霧中。憤怒是一個人對這個世界毫無辦法之後最無力的發洩，解決不了任何實質問題。

而層次越低的人，往往越控制不住自己的情緒。他們的心胸和眼界太狹窄，素養和自控力也不夠，只能借發洩壞情緒來表達自己的不滿和憤怒。楊絳說，如果你是對的，就沒必要發脾氣；如果你是錯的，就沒資格發脾氣。

層次越高的人，越懂得控制自己的情緒。他們不會被壞情緒俘虜，不會用壞情緒來向他人宣洩自己的不滿。他們理智且充滿智慧，明白宣洩情緒根本解決不了任何問題。

希望我們都能控制住自己的脾氣，完善自己的個性，做一個高修養、高層次、高情商的人。剛者易折，柔者長存。

最高明的處世之道：管好情緒

1903年，德國化學家奧斯特瓦爾德收到了一篇不知名的稿件。那天他牙痛難忍，情緒非常糟糕。他大致看了一眼，只覺得全篇都不知所云，便順手把文稿扔進了廢紙簍裡。幾天後，他的牙痛好了，心情大好，突然又想起了那篇論文，就從廢紙簍裡把它揀了出來，竟發現這篇論文其實寫得非常出色，有極高的科學價值。於是，他立刻給一家科學雜誌社寫了信，加以推薦。

後來，這篇論文不但發表了，還一舉轟動了整個學術界，而論文的作者阿累尼烏斯也因此獲得了諾貝爾獎。哪怕是如奧斯特瓦爾德這樣偉大的科學家，一旦落入情緒的陷阱，也會瞬間淪為它的奴隸。

成功學導師安東尼·羅賓斯說過：「成功的秘訣就在於懂得怎樣控制痛苦與快樂這股力量，而不為這股力量所反制。如果你能做到這點，就能掌握住自己的人生，反之，你就無法掌握自己的人生。」

在人生的賽道上，最後決定輸贏的從來不是分數的高低，而是你對情緒的控制力。控制住了情緒，便是搶佔住了先機。穩定的情緒能帶來一輩子的好福氣。

所有的壞情緒，買單的都是自己

作家劉娜說：「情緒是一把槍，當我們扣動情緒的扳機時，槍口其實對準了自己。」它總是能在剎那間就輕易奪走我們的理智清醒、禮貌修養甚至人品格局，事後，往往還要付出慘痛的代價。

還記得心理學上那個著名的「野馬效應」嗎？吸血蝙蝠所吸的血量其實並不足以令野馬死去，可野馬遭到攻擊後，瘋狂地奔跑、蹦跳，試圖甩掉蝙蝠，這才導致了牠在與憤怒的對抗中精疲力盡而亡。

人在凡世間，遊走紅塵中，誰都難免會有心情煩躁的時候，或是被家庭的瑣事纏得抽不開身，或是被工作的重擔壓得喘不過氣。有時候，我們真的會覺得情緒難以自控，恨不得就這樣放任自己，可那些肆意放縱的情緒非但不能解決問題，反而會讓事情越變越糟，最後落得個如野馬一般的下場。

把壞情緒帶到家裡，傷的是最親近之人的心；放任壞情緒到工作中，影響的是自己的升職加薪。

穩得住情緒，才能留得住福氣

心理學家蘭斯·蘭登在他的博客中記錄過這樣一個故事：有一次，他去餐館用餐，看到一位顧客指著面前的杯子，對一名女服務員大聲喊道：「服務員，你過來！你們的牛奶是變質的，把我的紅茶都糟蹋了！」女服務員連聲道歉，承諾立刻給顧客換一杯。

新紅茶很快就準備好了，女服務員端上來時，指著旁邊放著的新鮮的檸檬和牛奶，輕聲地說：「先生，如果您要在紅茶裡放檸檬，就不要加牛奶，因為檸檬酸會使牛奶結塊。」顧客聽了這話，瞬間怒氣全消，有些不好意思地說了聲「謝謝」。

蘭登正好在旁邊目睹了這一切，等那位顧客走後，他便問女服務員：「明明是他的錯，您為什麼不直說呢？」服務員笑著解釋，因為他當時已經生氣了，她如果再跟著生氣，事情只會變得更糟。

《菜根譚》裡說：「性躁心粗者，一事無成；心平氣和者，百福自集。」發脾氣只會為自己招來源源不斷的難題，穩住情緒，壓住怒氣，方能夠把問題的影響降到最低。

心理學家戴維斯教授曾對近1,000人做過追蹤調查，得出過這樣一個結論：如果一個人長期處於激烈的壞情緒中，就可能導致家庭失敗、事業糟糕，把好事弄得一塌糊塗。

你對情緒的自控力關乎生活質量的高低。先有好情緒，才有好事情。穩得住情緒，才能留得住福氣。

惜命最好的方式：管理情緒

中醫說，過喜傷心，盛怒傷肝，悲痛傷肺，思慮傷脾，恐懼傷腎。病從氣中來，你有什麼情緒，你的身體都會如實地反饋給你。

美國著名生物學家愛爾馬做過一項實驗，他分別找到兩個處於不同情緒狀態的人：一個處在悲傷、氣憤的狀態，另一個人處於平靜、愉悅的狀態，又給他們準備兩個相同的裝著冰水混合物的容器，讓兩人透過玻璃氣管分別向內吹氣。然後，再將兩個容器內的水餵給不同的小白鼠。結果發現，喝了帶有憤怒情緒的水的小白鼠，在幾天之後不幸死亡；而喝了帶有愉悅情緒的水的小白鼠，依然健康地活著。

他給出的結論是：一個人在憤怒的情緒狀態下，身體會產生大量的毒素，對身體造成極大的傷害。

老話說得好：「情急百病生，情舒百病除。」最好的養生之道，是富養自己的情緒，把情緒管理好，百病自然消。

如果你也想成為情緒的主人，不妨參考以下幾種方法：

1. 脫困四問法

心理學中有一個著名的「脫困四問」，回答以下4個問題，有助於自己理清思路：

我處於什麼情緒之中？強烈程度打幾分？幫助自己找出情緒的類別；

發生了什麼事讓我產生了情緒？挖掘情緒背後的事實；

我的初心是什麼？我原本想要什麼？找到期望與結果之間的差距；

我能為此做些什麼？從而調整自己的行動，幫助自己控制情緒。

2. 數顏色法

美國心理學家費爾德提出的「數顏色法」，可以有效地控制情緒。當你感到怒不可遏時，先暫停手邊的事情，環顧四周的景物。然後，在心中默唸看到的東西是什麼顏色，比如天空是藍色的、襯衫是白色的、裙子是紅色的……強迫自己恢復靈敏的視覺功能，使大腦回歸理性地思考。

3. 運動宣洩調節法

心理學專家溫斯拉夫研究發現，最好的情緒調節方法之一是運動。當我們在處於沮喪或憤怒時，不妨透過運動，比如跑步、打球、打拳等方式，使生理恢復原來的狀態。生活中，經常運動的人不僅身體更健康，情緒也會更穩定。

聽過一句話：「你的大腦控制著你的情緒，同樣，你的情緒決定著你的未來。」成年人頂級的配置，是情緒穩定。

沒有誰的生活沒有煩惱，但擁有穩定的情緒便是生活最好的解藥。在那些情緒穩定的背後，藏著的是懂得自我克制的自律和冷靜處事的能力。能把情緒管理好的人，才能避免誤入情緒的雷區，理智客觀地去應對生活中的重重難題。

如果大腦空空，連情緒都會出賣你

一個人的壞情緒，暴露了他低層次的認知

有一天下班時剛好下大雨，我因為沒帶傘在公司大廈的一樓大廳處等雨停。彼時公司IT部的鄒工路過大廳，手上拿著車鑰匙正要去取車，見我沒帶傘，又和他順路，便主動提出載我一程。大雨天交通不如平日裡順暢，平時半小時車程就能到家，這次硬是「爬行」了一小時還沒走完路程的一半。

鄒工頻繁看錶，臉上微微有慍怒之色。他說：「今天我兒子過生日，答應晚上給他慶生的，這堵車都不知道要堵到什麼時候了，真是氣人。」

我只好安慰道：「下雨天是這樣的，再等等，你兒子能

理解的。」好不容易車流鬆動了些，排在我們前面的那輛車卻遲遲未動，鄒工一邊鳴喇叭一邊朝窗外喊了句：「喂，瞎了眼啊，還不走。」

前面的車主似乎聽到了，探出頭也朝我們喊了一句：「你說誰瞎了眼呢！」

「那你倒是快走啊！」他又怒氣沖沖地朝前面的車喊了一句。

前面的車終於開始走了，可還沒走幾分鐘，就又塞住了。鄒工低聲抱怨了幾句。這個時候，他電話響了，是妻子打來的。他起初語氣還算正常，可到後來他的音調越來越高：「我是答應了小希早點回來給他過生日，可現在堵路上了我有什麼辦法？」

電話那邊又說了些什麼，只聽他對著電話裡大吼：「你們等不及了就先吃，催什麼催！」說完一下子掛掉了電話。

車廂裡一陣低氣壓，素聞IT部鄒工脾氣火爆，在他手底下做事的人都小心翼翼，如履薄冰，生怕一不小心就碰到他的雷區。

我又想起去年8月份公司籌辦全體員工去海南三亞旅行，可帶家屬同行。在到達酒店的第二天吃早餐時，由於他五歲的兒子放暑假好不容易出來玩一次，對什麼都感到新奇，這裡瞅瞅，那裡看看。不料兒子走到水果區時腳下一滑，撲到了桌上的果盤，桌上的盤子和水果全部掉下來，碗碟碎了一地，所幸小朋友只是被果漬濺了一身，未曾受傷。

聞聲趕來的鄒工看到一地狼藉和周圍人的目光，氣不打一處來，大聲呵斥兒子不懂事，言語間不僅有憤怒和責備，還威脅他「再不聽話就把你留在這裡，不帶你回家」。兒子剛摔了一跤驚魂未定，又見父親目露兇光言辭甚厲，又驚又怕，哇的一聲哭了出來。這下鄒工更惱火了，指著兒子的鼻子大喝。當時幸好他部門總監過來解圍，帶孩子去清洗，他才耐著性子同酒店的工作人員處理了這一地的狼藉。

鄒工已經在公司幹了10年，可一直沒升上總監。我在公司聽到同事對鄒工的普遍評價便是：人不錯，心地也好，但就是脾氣不好，控制不住自己的情緒，好像隨時都要爆發。

其實生活中有很多這樣的人，一件看似不起眼的小事都可能引發他們某種極端的情緒，苦惱、煩悶、心生怨氣，甚至會產生攻擊性行為。

百度百科裡對於「情緒」一詞的解釋是：對一系列主觀認知經驗的統稱，是多種感覺、思想和行為綜合產生的心理和生理狀態。換言之，情緒往往是我們的內心對於外在事物認知的內在投射。

一個人的認知水平越低，對一件事情的判斷就會越有局限，潛意識裡對事情的處理方式也越單一。當大腦找不到更好的解決問題的方式時，心裡累積的憤怒、煩悶等壞情緒就會跳出來，主導人的行為。而這時的「行為」，反映在嘴上，就是爭執；反映在肢體，便是攻擊。因此，一個人的壞情緒，往往暴露了他低層次的認知水平；相反，一個人的認知水平越高，他的情緒往往就會越穩定。

克服認知缺陷，才能改善壞情緒

王陽明一生羈絆重重坎坷難行，下詔獄、遭廷杖、貶龍場、功高被忌、被誣謀反，可謂受盡了命運的折磨。放在平常人那裡，或許早就被抑鬱情緒殺死了，但是王陽明對困頓和苦難的認知卻積極樂觀得多。

在贛州時，陳九川和其他同僚胸中抑鬱苦悶，相繼一病不起，只有他依然精神矍鑠。他在札記裡寫道：「我來龍場兩年，也被瘴毒侵害，但我安然無恙，這是因為我始終保持積極的情緒，樂觀的心態，沒有像其他人一樣悲悲切切，抑鬱哀愁。」在王陽明看來，保持快樂心境的唯一方法便是建立對逆境和苦難的正確認知，不被壞情緒支配。

他由此提出的「知行合一」和「致良知」學說，旨在創造人的內心與自身的和諧，被奉為認知學領域的經典。曾國藩讚其「矯正舊風氣，開出新風氣，功不在禹下」。

一個人的認知水平越高，讀書越多，見識越廣，底層知識的構築就會越牢固，由此培養獨立思考能力，對於外界事物的感知和判斷也就會越正確、越穩定。如此，在面對外界事物的衝擊時，才越不會被情緒奴役，反而得以掌控情緒。

提升認知，控制情緒

大約在兩千年以前，希臘哲學家愛比克泰德就曾經說過：人的煩惱並非來源於實際問題，而是來源於看待問題的方式。因此，每個人都可以透過改變對外界事物的認知來控制負面情緒。

而那些優秀的人並非沒有情緒，他們只是不被情緒所左右，「怒不過奪，喜不過予」，這源於內在的自信與魄力。義大利足球員巴洛特利天賦異稟，但脾氣火爆，在訓練時會與隊員內鬥，在比賽時會與對手球員、裁判甚至球迷起衝突。

梅西雖資質不如巴洛特利，卻是球場上的謙謙君子，不管遭遇什麼突發狀況，都能控制情緒沉著冷靜地迎戰。直至目前為止，巴洛特利還沒拿過金球獎，而梅西則已然拿獎拿到手軟。在梅西一類優秀的人的認知裡，與其揮霍情緒圖一時痛快，還不如留著所有力氣變強大。正是有了這個信念，他們才能做自己情緒的主人，不被壞情緒左右。

人的一生，與其把時間浪費在發脾氣上，還不如多讀書，多思考，多歷練，多固化自己的底層知識。待認知水平提升，你會發現以往那些讓你火冒三丈的事情不過是一段小插曲，完全不必介懷。時間寶貴，你要留著所有力氣變美好。

正如拿破崙說的：「一個能控制住不良情緒的人，比一個能拿下一座城池的人更強大。」

一個人走上坡路，從戒掉這5種內耗開始

很喜歡三毛的一句話：「路」是由「足」和「各」組成的，「足」表示路是用腳走出來的，「各」表示各人有各人的路。一個人選擇走什麼樣的路，就會有什麼樣的人生。一個人想往上走，最大的阻礙不是貧窮，而是內耗。與其整日處於內耗當中，不如把時間用來提升自己。

戒掉以下5種內耗，就是一個人走上坡路的開始。

逃離負面情緒的泥濘，用積極樂觀的態度面對生活；降低對人和事的期待，平常心面對人生；戒掉無效社交，把時間和精力放在重要的事情上；掌握生活的節奏，知足常樂，過好自己的生活；減少物質追求，經常讀書，充實自己的內心世界。

戒掉負面情緒

在知乎上看到過這樣一個提問：「你認為什麼能力最重要？」

其中一個高讚回答是：「控制情緒的能力。」

情緒沒有對錯，只有失控的情緒才會讓我們無法自拔。學會調節情緒，是成年人的必修課。我看到一個95後的患類風濕的女孩自學黏土娃娃的視頻，感觸很深。女孩自7歲患病，一直靠藥物來延續生命，她全身上下唯一能動的只有手指頭，除此之外身體的全部關節幾乎都壞掉了，就連喝杯水這樣簡單的事情對女孩來說都很困難。當女孩的心臟開始衰竭的時候，她不知道自己還能活多久，心裡充滿著對父母的內疚，對自己人生的迷茫。

她不知道死神何時會來到自己身邊，情緒一度變得沮喪。後來，她開始透過網上的視頻自學黏土娃娃，並在線接單。每天從早上7點忙到晚上10點，在忙碌中，她找到了生活的希望。從採訪的視頻中看到，她的內心平靜而又充滿著力量，臉上也看不出往日負面情緒的痕跡。

面對不同的困境，我們會表現出不同的情緒。真正成熟的人會懂得及時調節負面情緒，以更好的狀態面對生活。

埃莉諾・羅斯福說過：「沒有人可以左右你的情緒，除非你同意。」不將負面情緒帶給他人，是一個人真正的修養。同樣，不將負面情緒留給自己，是一個人對自己的寵愛。當你能很好地控制自己的情緒時，你也能夠洞察他人的內心，處理好身邊的人際關係。

戒掉高期待

吳軍博士曾講述過一個年輕人的故事。這個年輕人雖然家庭條件普通，但是他憑著自己的努力考進名校，並以優異的成績順利畢業。他本以為以自己的能力，肯定能應聘到大公司。結果，幾輪面試下來，他卻成為第一個被淘汰的人。他的心情很低落，去向吳軍請教：「難道我不應該有一個更好的未來嗎？」吳軍告訴他，期望太高，失望便會越大，成功的變量並不是由一個因素的決定的，努力只是其中一個。

工作中，不是努力了就一定會成功。不論是遇事還是遇人，如果高估了別人的回報，當沒有得到期待的結果時，就會感到失望。

降低期待，專心做事，是一個職場人的基本素養。林徽因說：「任何事情，只能期待，不能依賴。」總是抱著高期待的心態，留給自己的就是痛苦和煎熬。過高的期待會破壞你的心態。當你放下過高的期待，以一顆平常心來看待身邊的人和事時，你會發現身邊更多的美好。

戒掉無效社交

有效社交會幫助我們不斷成長；反之，無效社交會消耗我們的精力和時間。

作家李尚龍上大學時，非常喜歡社交，他的大部分時間都用於參加飯局、聚會等。在與別人聊天的過程中，他有了那些大咖的聯繫方式，他覺得那些人都是他的人脈和資源，還經常給那些人送禮物來表達自己的心意。直到後來，他在工作上遇到問題之後，給那些「朋友」打電話，誰知他們一個個都敷衍了事。他也終於明白，那些所謂的朋友其實並不是自己的人脈，於是他推掉對自己來說無用的社交，把精力和時間留給了自己的至交好友。

與其讓無效社交消耗我們的時間，不如把時間放在值得的人身上。生活中，很多人被社交綁架，走不出社交的怪圈。很喜歡一句話：「一個人的幸福程度，往往取決於他多大程度樂意脫離對外部世界的依附。」

社交就像投資，你需要考慮把它放在哪個籃子，你能有多少收入。一個人之所以能越來越好，是因為把時間放在了值得的事情上。當你學會取捨時，你的社交價值也會越來越高。

戒掉攀比心

現實生活中，我們步履匆匆，你追我趕，生怕自己落於人後。學生時代，我們比誰的成績優秀，比誰的家庭更好；工作之後，我們比誰的能力更強，工資更高；有了家庭之後，我們比誰的房子更大，車子更好，孩子更優秀。我們總是在比較的路上，忽略了其實每個人的生活都有不為人知的辛苦。

小文和小月是好朋友，她們一起考上研究生。在研二的時候小文就跟她的男朋友結婚了。她老公是個公務員，工作穩定，公婆也給他們全款買了房，幫她帶孩子，還支持她繼續讀研究生。疫情過去，小文過來看望小月，本以為是好友相逢，小月心裡卻很不是滋味。

小月反觀自己，老公出車禍離去，留下自己一個人照顧女兒，還得麻煩母親幫忙照看孩子。瞬間覺得自己真是命苦。晚上朋友走了之後，小月一個人悄悄地在房間裡流淚，女兒看到後說：「媽媽，別難過，以後我長大了照顧你。」聽到女兒的話，小月心裡豁然開朗，真是的，自己跟別人瞎比較什麼呢。

作家馬歇爾說：「如果真的想過上悲慘的生活，就去與他人做比較。」攀比就像一個賽道，但只有起點，沒有終點，當你開始與別人比較時，你就陷入這個循環裡，走不出來。與其與他人的快樂比較，讓自己徒增煩惱，不如正視自己的內心，過好自己的生活。

我們不需要在他人的劇本裡演好配角，只需要演好自己人生劇本的主角。

戒掉物欲

在亦舒的小說《悠悠我心》中有一個胡先生。他出生在貧困的家庭，透過自己的不斷努力，成了銀行財務部經理，年薪百萬。他有一個幸福的家庭，有美麗的妻子和乖巧的女兒。但是，他覺得自己應該有更好的生活。於是，他開始貪戀更多的物質，甚至不惜挪用公款，買高級的紅酒、名牌手錶，事情曝光之後，他被送進了監獄。當妻子發現了他的事情之後，選擇了離開。一個本應該幸福美滿的家庭，卻因胡先生的所作所為而分崩離析。

如果能夠克制自己的欲望，胡先生也許會過得很幸福。叔本華說：「所謂輝煌的人生，不過是欲望的囚徒。」當你沉浸在物質的世界不能自拔時，就像陷入一片沼澤地，越陷越深，最後迷失了自己。

當一個人的欲望越來越低時，他的幸福指數會越來越高。**生活是一場去蕪存菁的旅行，我們需要學會在精神與物質上做取捨**。當你的物質生活越來越簡單時，你會有更多的時間填充自己的精神世界。一個人的內心世界越來越充盈，這個人也會變得越來越優秀。

川端康成說過：「時間以同樣的方式流經每個人，而每個人卻以不同的方式度過時間。」你把時間用在哪裡，你的成長就在哪裡。

願你餘生能夠逃離負面情緒的泥濘，用積極樂觀的態度面對生活，在自己的人生路上，過得越來越好，活成自己想要的樣子。

心態不好，能力再強也是弱者

人生下半場，拚的是心態

聽過這樣一句話：「人生，可以從寬處理。」除了對他人寬容外，人也要學會對自己寬容。對自己寬容，就是與世界和解，與自己和解。這句話對生活暫時不順、身處逆境的人來說，是個溫暖的撫慰。

作為血肉之軀，我們大多數人都是普通人，在人生路上遇到坎坷時，我們不要逼自己太兇，對自己太狠，給自己提出太多不可能實現的目標，要學會接納自己的平凡。

大事小事，都會成為往事。好好活著，才會有更多的好事發生。對自己寬容一點，讓生命之弦鬆弛一點，心情就會變得舒暢些，心境就會變得溫馨些，自己也自然會慢慢走出陰霾、迎來陽光。

人生下半場，拚的往往不是財富、地位，而是心態。我們不能控制自己的遭遇，卻可以控制自己的心態；我們不能改變別人，卻可以改變自己。心態好，煩惱就少，事情就順；心態不好，看什麼都不順眼，能力再強也是弱者。

與其抱怨，不如改變

在網上看過一位網友的故事。這位網友被文友們稱為萍姐，她為人大方、性情開朗、愛好廣泛，文章和攝影作品多次在全國獲獎，日子過得有滋有味。但是，讓人想不到的是，她的生活卻平地起驚雷，在單位一次體檢中被查出得了不治之症——「漸凍症」。

知道這個消息後，朋友和同事們都替愛美的萍姐擔心，不知她該怎樣面對這個現實。

一天，幾位朋友去看她，發現萍姐沒有怨天尤人，心態很平和。她平靜地告訴他們，她已將出租的房子收了回來，準備好好裝修給兒子做婚房用。她還給學化妝的女兒開了一家婚紗影樓，這樣女兒就可以有個穩定的收入。她邀請大家一塊去九寨溝玩，深夜和同房間的朋友聊天，朋友小心翼翼地問她：「姐，你難過不？如果難過，哭出來也好。」

萍姐回頭，還朋友一個燦爛的笑容：「傻妹妹，我哪有時間哭泣？我要趁身體還能活動，把一切該盡的責任和義務完成，把那些還沒實現的夢想一點點實現。這樣，我的人生才能少留一些遺憾。」

我深深被這位萍姐的故事所打動，她是生活的強者。

人常說：「人生不如意，乃十之八九。」面對種種不如意，有的人選擇了抱怨，抱怨自己倒楣、抱怨他人無情、抱怨環境糟糕等等。而有的人選擇了改變，既然現實無法改變，那就改變自己的心態，改變看問題的角度，過好當下。

李笑來老師說，抱怨的害處不僅僅是浪費時間，暴露自己的無能，還在於它會讓你不由自主地放棄掙扎。抱怨是世上最無用的東西，它無助於問題的解決，只會摧毀信心，磨滅熱情，放大憤怒，累了自己，也會將負能量傳給別人。

不抱怨，就是不與自己過不去，是一種隨遇而安的好心態，也是一種生活的大智慧。

不與別人比，好好活自己

作家馬德曾在文章中講過這樣一個故事。他有一位朋友在一家科技公司上班，有一次聊天，朋友和他談起了公司的事。朋友告訴馬德，他的公司每到年底都要走幾個人，原因是發獎金。馬德就很奇怪，發錢也會走人，是獎金發得少嗎？

朋友搖頭說，不是因為錢發得少，而是因為發得比別人少，有的人拿到手的獎金有20多萬，最後也走了，只因為比別人少了一兩萬。

有同事勸這些人：「算了吧，不就是少那麼幾個錢，何必呢？」

聽的人一臉憤然：「這能隨便算了嗎？名義上是錢多錢少的問題，其實這裡面有貓膩，獎金中的小區別可是上司那裡的大江湖啊。」其實，好多人本不該走，結果跳槽之後混得一塌糊塗。

對此，朋友向馬德感慨：「與別人太較真地比較不好，因為別人什麼都不會少，而自己會失去很多。」

在現實生活中，類似故事中的那些人很多，他們都有一種愛與別人攀比的心態。他們追求的不是幸福，而是比別人幸福，把主要精力都投入競爭中，比職位、比房子、比財富……比來比去，心裡只剩下日益膨脹的欲望和心浮氣躁，沒有了快樂和幸福。

日子是自己過的，別人的條件再好也不屬於自己，「羨慕、嫉妒、恨」對自己的生活毫無用處，我們要看到自己擁有的，不要只盯著自己沒有的。

人們都渴望「有我所愛」，卻不知，「愛我所有」、活好自己才是最大的幸福。

真正厲害的人，都戒掉了玻璃心

有朋友坦言，他最看不慣玻璃心的人，受不了一點委屈，看不得一點臉色，聽不了一句重話，有這種心態的人，工作和生活不會好到哪裡去。這個觀點我非常贊同，一些生活如意、事業有成的人，內心都很強大，都戒掉了玻璃心，他們對來自外界的不良刺激始終能保持一種穩定的心態。

心理學家把人的價值觀分為兩類，一類叫「弱勢價值觀」，一類叫「強勢價值觀」。兩種價值觀，其實體現的就是兩種不同的心態。

持有「弱勢價值觀」的人，遇到問題習慣問「憑什麼」：憑什麼別人過得好，我過得差？我本來好好的，憑什麼得病的是我？條件差不多，憑什麼別人能升職，我原地踏步？在他們心裡，只有抱怨、指責、憤懣，他們當然無法體會到成功和幸福。

持有「強勢價值觀」的人，遇到問題會問「為什麼」：為什麼會造成這種局面，問題出在哪裡？是主觀原因，還是客觀原因？如果是主觀原因，是自己智商不行，還是情商、逆商不行？當下又該如何解決？在這些人心裡，有的是反省、剖析、調整、改進，他們會設法戰勝困難、走出陰霾，最終擁抱幸福和快樂。

沒有絕對的好日子，但我們隨時可以選擇好的心態。心態不好，能力再強也是弱者；有了健康的心態，才會擁有幸福的人生。

人生不會是一帆風順的，面對挫折和困難，如果不戒掉玻璃心、保持好心態，要取得成功是不可想像的。

第六章

過素淨不內耗的人生

＊＊＊

當你開始遵從內心，接受自己的殘缺和不完美，懂得人生最大的意義便是悅己，原諒和寬容身邊的人和事，坦然面對庸常而瑣碎的生活時，你才真正地走向了成長和成熟。

懂得取悅自己，才是一個人真正成熟的標誌

總有一日，你會明白，世界那麼大，我們太渺小，僅僅是做好自己就已經需要我們耗盡全力了，哪還有閒心去在意別人呢？

＊＊＊

也許每個人的生命裡，總不可避免地會有一段孤獨、敏感又自卑的時光。在那段時光裡，無論如何努力飛翔也到達不了心裡想要的那方天涯。

這是我20歲出頭時真真切切體會過的感受。

那時候，我歷經兩次高考終於考入湖南省的一所大學，作為一個農村出來的孩子，我對城市的一切都充滿了好奇和陌生。我生性孤僻，內斂沉默，膽怯且軟弱，我害怕被孤

立，害怕自己看起來跟別人不一樣，於是我用一層厚厚的殼將自己保護起來，那層殼的名字叫「討好」。

我從不懂得拒絕別人，經常習慣性地忽視自己內心的感受，優先考慮他人的感受，去滿足他人的需求，以此來獲得他人的好感和好評。這種情況在工作後尤甚，我無法拒絕同事向我尋求幫助，從而導致我常因自己的工作沒能做好而被批評；我犧牲自己用來休息的週末陪同事去逛街挑衣服，儘管自己已經很累；我總是附和上司和前輩的意見，儘管我當時並不那麼認同。

我總是害怕被討厭、被排擠，所以一直以「取悅別人，委屈自己」的模式生活著。可即便是這樣，我也並沒有在人際交往上遊刃有餘，也並未曾真正獲得多少人的認可，我依然孤獨、敏感又自卑。

待到年歲漸長，我與內在自我的衝突越來越明顯，長期被壓抑的那個「自我」終於在某個深夜徹底爆發，控訴著這些年的不公平待遇。

美國心理學家卡倫・霍妮在《我們內心的衝突》中提出內心衝突涉及的三種類型人格：順從型人格、對抗型人格和疏離型人格。其中順從型人格的顯著特徵是：

1. 能夠敏銳地感受到別人提出的、能被他的情感理解的需求，但往往會無視自己內心的感受；

2. 總是把自己放在次要的位置上，並且無怨無悔；

3. 總是情不自禁地拿別人對自己的看法來看待自己，過度依賴他人的評價。

而這些特徵產生的根本原因就是**壓抑了自己內心對於肯定等情感衝動的內在驅動力，而將這些情感衝動的驅動力轉向了依賴外界**。因此要改變和克服這些特徵，勢必要將驅動力由外界轉回自己的內心。

接下來的數年時間裡，我有意識地與內心習慣討好的那個自己做著鬥爭。我逐漸將全部注意力由外部評價轉向自己的內心，硬著頭皮拒絕了一個又一個違背內心意願的要求。

讀書、觀影、音樂、旅行，與一切美好的事物相遇，做一切能讓自己開心愉悅的事情。當我把所有的時光都用來取悅自己時，所收獲的愉悅感和成就感是那麼的輕鬆、舒服。

於是在外面單打獨鬥的這些年歲裡，心底越演越烈的自卑感和千瘡百孔的自信心，終於一點點地漸漸修補起來，我也終於和內在的那個自我和解了。「悅人者眾，悅己者王」，這無異於人生的一次重生，也給我原本灰暗的20多歲增添了一層七彩色的光暈。

懂得取悅自己，才算是一個人真正成熟的標誌。

當你開始遵從內心，接受自己的殘缺和不完美，懂得人生最大的意義便是悅己，原諒和寬容身邊的人和事，坦然面對庸常而瑣碎的生活時，你才真正地走向了成長和成熟。

＊＊＊

真正的悅己不僅要遵從真實的內心，還意味著懂得運用一切外界事物愉悅身心，提升自身的幸福感。

我們部門30多歲的恬姐，是全公司唯一一個每週都訂一束鮮花到辦公室的人。有時候是百合和茉莉，有時候是風信子和橄欖菊，花開絢爛，幽香撲鼻，整個密閉、壓抑的財務部因她的這束花變得明朗起來。

大部分來我們部門的人稱讚了一番之後都表示很不理解：「這花能活多久啊？」

恬姐答：「一週左右。」

又問：「這花一束也得二三十元吧？」

恬姐點點頭後，對方一個勁地感嘆：「花期這麼短，凋謝之後就剩一堆爛葉，太不划算了。」

恬姐笑著說：「你平日裡一週吃的零食可不止二三十元

吧，再說上班時間緊張又壓抑，累的時候給花換換水，看著它們傾力綻放，心情暢快愉悅，工作體驗都會很不一樣。」

真正的悅己者，從不拘泥於物質，也從不過分在意別人的評價，他們心中總有發自內心地讓自己生活得更好的願景。因此，他們會格外注重自己對幸福的感官和美的體驗，他們不為取悅別人，只為讓自己開心。

＊＊＊

我住的小區裡有一個不大不小的菜市場，我每次都會固定去小莉姐那裡買菜。無論顧客買什麼，她都無一例外地送上兩棵蔥或幾顆蒜，買的次數多了，我和她也逐漸熟絡起來。

她已是兩個孩子的媽媽，40多歲的年紀，在有些髒亂的菜市場裡，她的小攤總是最乾淨、整潔的。她會按次序擺放每一種菜，也不隨便丟爛了的菜葉，而是放進自備的垃圾簍裡。我每次去買菜時，總能看到她小攤前擺放著不同的書。不僅如此，和其他攤主的隨意穿著不同，她每日都化著淡妝，穿著和打扮都很精細、乾淨。從頭髮到妝容再到衣著，都是精心搭配整理過的，清新素淨，加上臉上時常掛著親和的笑容，讓人忍不住想靠近。

有一次我下班晚，去買菜時正好碰上她收攤，跟她寒暄的間隙，她一邊整理自己的妝容和衣服，一邊說：「生活是自己的，不管在哪裡過、怎麼過，讓自己開心自在才最重要。」

我也終於明白為什麼她每日都能笑意盈盈，那著實不是裝出來的，而是發自內心的淡然和愉悅。她深知，人活著不是為了取悅這個世界，而是為了用我們自己的生活方式來取悅自己，活出自己想要的樣子。

然而現實中的很多人，都帶著無比尖銳的功利心，在追名逐利的路上不斷討好這個世界，漸漸地迷失了自己。

日本作家松浦彌太郎說過：「任何一個追求生活品味的人，都應該是一個悅己者，你的愛好、你的生活方式，都是為了取悅你自己，而不是為了炫耀。」我們與這個世界的博弈，歸根到底不過是一場與自己內心的較量。

總有一日，你會明白，世界那麼大，我們太渺小，僅僅是做好自己就已經需要我們耗盡全力了，哪還有閒心去在意別人呢？

你最終能否過得好，能否在自己的人生裡活得遊刃有餘，取決於你能否妥善安放自己的心。

如果你能聽從自己內心的聲音，從而活得坦然、舒悅，那麼你終會是一個勝利者。這不也正是我們付出那麼多努力所希望達到的目的嗎？就像我現在每日去上班時總會將自己從頭到腳收拾體面，但凡違背自己心意的要求都會禮貌拒絕，越來越喜歡獨處，習慣一個人看書、寫字、觀影、跑步。我做這些只是單純讓自己開心，卻出乎意料地收獲了越發圓滿的自己。

若你無傾城貌，只要你認真愛自己，終會修得一顆傾城心。在這一步一履的跋涉、一時一辰的堅守中，你會發現，**當你學會取悅自己後，世界便開始取悅你。**

人生下半場，勸你做個素淨的人

萬物之始，大道至簡。就像賣花人說：「自然界中白色的花幾乎都很香，但顏色鮮豔的花不怎麼香。」

人亦是如此，越素淨，越有內在的芳香。這個世界五彩斑爛，人們身處其中，容易染上不同的顏色。**在歷盡滄桑後我們終會明白，素淨才是一個人行走世間最好的底色。**

人生下半場，學著做個素淨的人。

圈子素淨，是最好的自律

現實生活中，大部分人在無效社交上浪費了不少時間和精力。年輕時，我們總害怕被孤立、不合群、孤獨，便到處交朋友，想方設法擴大朋友圈。後來發現，逼迫自己合群去參加一些飯局，不但沒有太大價值，反而會使自己身心疲憊。殊不知，人生有一二知己，才是最難得的。

《圓桌派》主持人竇文濤入行幾十年，接觸的人很多，他在節目裡談笑風生，大家都以為他朋友很多，其實他的圈子很小，平日裡來往的好友只有幾個。他與這些摯友同住在一個城市，相隔只有幾千米遠，這就是他的「朋友圈」。大家聚會時，喝茶、聊天、讀書，即使彼此一個月不聯繫，再見面也不會覺得疏遠。在一次分享上，竇文濤表示：除了交情，還要有講究。

所謂講究，可以理解為與自己三觀、品味、才學等相同的人交友，至於那些無關緊要的人，他認為沒必要去花時間和精力維繫。簡簡單單的社交，有幾個志趣相投的朋友，在這樣的圈子裡，不存在利益和算計，也不存在虛情假意的寒暄，可以完全做自己。

唯有圈子乾淨，生活才得安寧，人到中年，要知道自己想要的是什麼。**與其費盡心機擴大圈子，不如將自己的圈子收拾乾淨，好好經營**。放棄無效社交，遠離消耗你的人，才是成年人該有的自覺。

生活素淨，是最好的狀態

《增廣賢文》中說道：「良田千頃，不過一日三餐，廣廈萬間，只睡臥榻三尺。」生活無非就是，一屋兩人三餐四季。

羅敷是一位在瑞典生活了10年的華語作家，他記錄了北歐的生活方式。北歐人的生活簡單，他們很少追求表面上的華麗。有一次，羅敷去一位老太太家作客，對方的客廳令他眼前一亮，一張長桌，兩條木凳，一個收納的木櫃，便沒有其他多餘的物品。老太太說，很多東西自己都用了幾十年，雖然簡單，但每一件東西背後都有故事。

簡單是活法，素淨是態度。用什麼樣的方式生活，完全取決於我們的心境和態度。

著名美學大師蔣勳，為了將樸素與簡單的生活方式貫徹到底，選擇遠離台北的都市生活，只帶上筆墨和幾本喜歡的書，搬到了台東的農村池上。他每天在池上看著別人日出而作，日落而息，日子平淡又美好。儘管遠離了繁華熱鬧的生活，他卻感到身體越來越健康，內心也越來越充實。

讀過這樣一段話：「最好的生活就是簡單生活，一盞茶，一張桌，一處清幽，日子平淡，心無雜念。」

生活無需多少華麗點綴，樸素而活，簡單平淡才是真。

人到中年，內心安寧，做個簡單的人，日子素淨，便是最好的生活狀態。

欲望素淨，是最好的修心

叔本華說：「人受欲望支配，欲望不滿足就痛苦。」實際上，當欲望大於能力時，人就容易焦慮、患得患失。長期處在這種狀態下，貪念會越來越多，煩惱也會越來越多。

世間的一切痛苦，皆來自貪欲。在生活中，大多數人都受控於外界的各種欲望，而忽略了內心真正的追求。

在電視劇《去有風的地方》中，「北漂」一族許紅豆曾經就是這樣的人。她為了能在北京這座大城市買房立足扎根，每天拚命地工作。可她發現自己賺錢的速度似乎永遠跟不上北京房價的漲幅，直到某天自己身體狀況告急、好友突然離世，許紅豆才徹底明白，人生或許可以不用活得這麼忙碌和倉促。

於是，許紅豆辭掉了工作，隻身一人前往大理，只是想要感受一下活著的意義。在大理生活的那段時間，許紅豆的內心也變得安靜下來。

至今還記得，她在劇中與奶奶的那段對話：「人不能太貪心，得到了千錢想萬錢，當了皇上又想成仙，人就長了兩隻手，你就是進了金山銀山，也只能拿兩樣東西。」

我們時常體驗不到快樂的感覺，是因為我們想要的太多了。這是一個橫向對比過於嚴重的時代，我們一邊羨慕身邊比自己過得好的人的生活，一邊感慨自己命運不濟。我們總是什麼都想抓住，結果卻是什麼都抓不住。

《孟子》有言：「養心莫過於清心寡欲。」內心的豐盈，源於欲望的減少，而非外物的增加。人生過半，少些欲望，學會知足，放下貪念，才是真正的養生修心之道。

＊＊＊

有句話說得好：「做個素淨的人，把目光停留在微小而光明的事物上，遠離那些混亂和喧囂。」

圈子素淨，放棄無效社交，才能專注提升自我；生活素淨，活得簡單快樂，才能保持內心寧靜；欲望素淨，摒棄過多貪念，才能真正修身養性。

願你人生下半場做個素淨的人，在這凡塵世俗中自得其樂，自在隨心。

人，的確貴在有自知之明

老子的《道德經》有言：「知人者智，自知者明，自勝者強。」意思是說，能了解他人的人是智慧的，能了解自己的人是聰明的，能戰勝自己的人是剛強的。寥寥數語，蘊含了無盡人生哲理。

相由心生，境由心造，命由心改，萬事由心起。人的一念一行都源自內心。一個人如果不能時刻保有一顆清醒的心，就容易在紛繁迷亂的人世間迷失自我。

人活一世，必須擁有清醒的能力，「自明自知」，然後才能「自勝者強」。

拎得清形勢

股神華倫．巴菲特之子彼得．巴菲特曾說：「我們必須謙虛地認清自己的知識所限和能力所限。」

作家馬克・吐溫天資聰穎，在文學的舞台上如魚得水、遊刃有餘。在寫作路上小有成就後，他開始對投資經商躍躍欲試，先後嘗試經營木材業與礦業生意，並發行了《快報》。馬克・吐溫自以為文理兼得，生意也會順風順水。然而事與願違，他經商致富不成，反而將家產賠了個精光。

商場上的失敗打得馬克・吐溫措手不及，他認識到自己缺乏經商的才能和眼光。最終，他開始專注於自己擅長的寫作領域，不輟筆耕。慢慢地，他不僅還清了債務，並且成為美國批判現實主義文學的奠基人。

誠如他自己所言：「**讓你陷入麻煩的，不是你不知道的事，而是你自以為知道、其實錯誤的事。**」一個人倘若拎不清形勢，最終吃虧的只會是自己。人貴在自知，應明白該做什麼、不該做什麼，知曉自己擅長什麼、不擅長什麼。

聽朋友講過他的一段經歷。他曾有幸去拜訪一位根雕大師，參觀大師的作品時，他不由好奇地問道：「您雕什麼像什麼，每件作品都栩栩如生，您是怎麼做到的？」

根雕大師平靜地糾正道：「恰恰相反，我不是雕什麼像什麼，而是像什麼就雕什麼。」只見大師隨手拿起一件作品繼續說道：「原材料像猴，我就把它雕成猴；原材料像虎，我就把它雕成虎。我只是做了一些順勢而為的事罷了。假如不顧材料的原形和原貌，率性而為，想怎麼雕就怎麼雕，想雕什麼就雕什麼，那麼雕出來的作品必定是次品、殘品甚至廢品。」

英國劇作家蕭伯納曾說：「明智的人使自己適應世界，而不明智的人只會堅持要世界適應自己。」只有拎得清形勢，並順勢而為，方可立於不敗之地。

認得清自己

有位讀書人，飽讀詩書卻仍心中有惑，於是他跋山涉水來到深山裡向禪師求教。他恭敬地問禪師：「有人稱讚我是天才，將來必定大有作為；也有人罵我是笨蛋，一輩子都不會有出息。我究竟是天才還是笨蛋呢？」禪師答道：「一斤米，在炊婦眼中是米飯；在糕點師眼中是糕點；在酒家眼裡，它又成了酒。而米，依然是那斤米。」讀書人瞬間醍醐灌頂，拜謝離去。

古希臘思想家泰勒斯說：「人生最困難的事情是認識自己。」認得清自己的人才能對處境有客觀、理性的認知，才能明白自己是誰，知道自己的核心目標是什麼，分得清輕重緩急。

有一年的年初，董卿上了熱搜，因為在公布的春晚主持人陣容裡，董卿再度缺席，很多人都說不習慣沒有董卿的春晚。當年，董卿的官方團隊做出回應：「時間和精力有限，專注於想做的節目，會失去一些東西，就像過去十三年主持春晚，沒辦法回家過年一樣。」

如果角色互換，我想很多人都不願因此放棄這樣炙手可熱的位置，但董卿卻冷靜、理智地調整了自己的人生方向，就像她曾說的：「一個聰明的人不僅僅知道他應該什麼時候上場，還要知道他什麼時候可以離開。離開的時間，決定著是你看大家的背影，還是大家看你的背影。」

人都有惰性，也都有欲望，但是董卿每次都選擇聽從自己內心的聲音，做自己真正想做的事。告別春晚舞台是這樣，赴美留學是這樣，創辦《朗讀者》也是這樣。過去幾年，董卿給人的印象不再僅僅停留在春晚主持人這個身分上，她讓大家看到了關於美更深層次的定義，也讓大家看到了認得清自己的人生能有多精采。

想得通道理

電影《超人》上映後風靡全球，主角克里斯多夫·李維一時聲名鵲起。然而，在一場激烈的馬術競賽中，他意外墜馬，不幸全身癱瘓。飛來橫禍，克里斯多夫痛不欲生。

為了讓克里斯多夫舒緩心情，家人開車帶他外出散心。車子沿著山路迂迴盤旋，彎道很多，「前方拐彎」的警示路牌不時從他眼前滑過。每一次拐彎後，視野都會豁然開朗。「前方拐彎」四個大字一次次衝擊著克里斯多夫的心靈。

他恍然大悟：**並非無路可走，而是該轉彎了**。從此，他以輪椅代步，全身心地投入新的工作。他精心執導的第一部影片公映後，榮獲「金球獎」。他的自傳體小說《克里斯多夫·李維的生涯和勇氣》出版不久就成為暢銷書。他還創立了一所殘疾人教育中心，積極為殘疾人的福利事業籌集善款。從高癱患者逆襲成為知名導演、作家兼慈善大使，他再一次為我們展現了「超人」的非凡能力。

豐子愷曾說：「心大了，事就小了。心小了，事就大了。」《舊唐書·元行沖傳》中有云：「當局者迷，旁觀者清。」當一個人想得通道理，便能從當局者的角色中跳出來，站在旁觀者的角度清醒地思考，許多問題一下子便迎刃而解了。

在人生這場有來無往的旅行中，瑣碎繁雜的事有很多，枝枝蔓蔓也不會少。活得糊塗，它們就是束縛你腳步的負累；看得清醒，它們就是托舉你騰飛的基石。願我們因上努力，果上隨緣，做一個清醒、通透且努力活著的人。

如此，因果自有回贈。

不糾結、不後悔、往前走

人生在世，為人，難得事事如意，樣樣順心；做事，亦難件件圓滿，樁樁無憾。面對生活的諸多不順，倘若一味惆悵反芻，只會停滯不前，越活越貶值。反之，越能夠放平心態，坦然面對，向前看，才能越活越通透。

不糾結：戒掉猶豫，減少遺憾

決定人生的不是命運，而是你做出的一個個選擇。面對人生中大大小小的事情，把握時機迅速做出正確決定，能助我們少走彎路。但事實上，很多人在面臨選擇時往往猶豫不決，在矛盾與衝突中任由機會溜走。

曾看過一個故事。一位印度哲學家因為外貌出眾，才情了得，頗受女孩子青睞。一天，一位美麗的女孩向他表明了心意，想要做他的妻子。哲學家雖被女孩的真誠打動，很想與她共結連理，卻仍說自己需要考慮一段時間。誰知，他的考慮竟長達10年之久。

哲學家做了很多分析，他發現結婚與否，都存在弊端。於是，他陷入了長期的苦惱和糾結中。最後，哲學家終於想明白：**人在面臨抉擇而無法取捨時，應該選擇自己尚未經歷的一種**。他鼓起勇氣，來到了女孩的家中，對女孩的父親說：「您的女兒呢？請告訴她，我考慮清楚了，我決定娶她為妻！」女孩的父親聽完後搖了搖頭，告知哲學家自己的女兒早已嫁為人婦，她現在已經是三個孩子的母親了。

哲學家沒想到，自己的再三考慮和追求完美，最終換來悔恨終生的結果。這個故事不禁令人唏噓，本該擁有一段美滿姻緣的哲學家，卻被糾結和猶豫阻擋了通往幸福的道路。

生活中的我們又何嘗不是有著和哲學家一樣的心態呢？面對需要抉擇的時刻，總是權衡利弊，猶豫再三，遲遲不敢做出決定。殊不知，無盡的思量和糾結只會給自己帶來遺憾。要知道，拖垮你的永遠是那句「我再考慮一下」，助力你的永遠是遇事不糾結。

想要得到幸運女神的眷顧，就要懂得戒掉糾結和猶豫，勇敢邁出第一步。

不後悔：專注當下，煩惱自無

人生的一大悲劇，便是面對過去陷入不斷反芻的循環。學會笑對曾經，專注當下，才能活得越來越成熟、通透。

收藏家馬未都曾在很長時間裡陷入了對過往行為的反芻中，痛苦不已。早些年，馬未都去上海出差，在逛文物商店時看上了一個碗，這個碗當時標價是3萬元人民幣。這對於當時的馬未都來說是一個天價，所以他並沒有將其收入囊中。但馬未都仍對這個碗念念不忘，每次途經上海，必到商店去看一眼。後來他照例去看碗的時候，卻發現碗不見了。詢問才知，碗已在不久前被別人買走。而更令馬未都後悔的是，一年之後這只碗被拍出了850萬元人民幣。

他開始後悔自己當初的決定，懊惱自己當時為什麼沒有想盡辦法買下這個碗。之後的幾年裡，這只碗的拍價一直飆升，甚至估值過億。只是他已漸漸看淡，反倒覺得人生總有遺憾，不可能事事如意。如今再談起這件事，馬未都已不再後悔，而是淡然一笑。他選擇將精力投入對其他藏品的關注上，賺到的錢早已遠超於錯失那個碗所流失的價值。

西方有句諺語：永遠不要為打翻的牛奶哭泣。我們生而為人，或多或少都會經歷一些不堪回首的經歷，一味後悔不僅不能扭轉局面，反而還會錯失更多的機會。

人生好比一場演出，有令人喜悅的情節，也會有悲傷的時刻，卻也正是其中的這些跌宕起伏，才讓整場演出豐富、精采。所以，**與其沉浸在悲傷自責中，不如放平心態，不去悔，不去怨，專注過好當下，煩惱自會遠離你**。

往前走：人生向前，苦往後退

人生的一大悲劇，便是不敢走出過去的泥沼，因而陷入止步不前的困局。真正的智者都懂得告別過去，著眼於未來。

舊上海名媛嚴幼韻，終年112歲。她的一生經歷了無數大起大落，卻絲毫沒有被這些悲喜過往打倒，反而向陽而生。有一次，她的家裡遭遇盜賊，偷走了無數她悉心珍藏的物品。周圍人都安慰她，而她非但沒有因此悲傷，反而慶幸沒有丟失更多的東西。

為了保持美麗，老年時期的嚴幼韻曾經鑲牙和磨牙。在一次外出坐出租車時，司機一個急剎車，她剛整完的牙掉了出來。她的女兒在旁邊難過、惋惜，嚴幼韻只是平靜地說：「沒事，原來這個牙就是自己掉了的，大概它還不想裝上去吧。」後來，當接受《紐約時報》的專訪，被問及長壽的秘訣時，她說：「不為往事傷感，永遠朝前看。」

不為往事擾，只願餘生笑。一個人對待過往的態度決定了他能擁有怎樣的人生。只有不再執著於過去的得失，學會向前看，我們才能在紛擾的世事中活得悠然自得，活出寵辱不驚的安寧與幸福，那些痛苦也才會真正成為過去。

所謂人生，無非是由無數個昨天、今天和明天組成。昨天的種種早已塵埃落定，要學會翻篇，懂得向前看，才能活得舒服順心。畢竟，書要向後翻，人要向前走。

＊＊＊

《十宗罪》中寫道：「世事紛擾，煩惱無數，原因有三，看不透、想不開、放不下。」的確，很多時候我們活得痛苦，並非因為能力不夠，而是因為看待問題的態度出了偏差。要想提高生活質量，就要放棄這些阻礙幸福的心靈負累，不糾結，戒掉猶豫，遺憾才會減少；不後悔，專注當下，煩惱自會消散；往前走，人生向前，痛苦便會後退。

人生短短幾十年光景，若想清靜無礙，不妨先學著修煉好自己的心境，如此，方能活得更輕盈。

願你也能在往後的日子裡，一路奔赴，一路向前，活得肆意且灑脫。

靠蠻力走不遠，用彈性無極限

真正有智慧的人，都懂得增強內心的彈性，去適應生活的各種變數。三毛說：「做一個有彈性的人，當是我們一生追求的目標。」的確如此。

人生路上，一個人能走多遠，看的不是智商，不是情商，也不是人脈，更不是天賦，而是內心的彈性。一個人若像玻璃球，一旦掉下去就會摔得粉碎；只有像一個皮球那樣，才能在掉下去時觸底反彈。人生走得越遠，越靠自己的心力。

保持彈性的距離，相處舒適

你知道心理學裡的適度定律嗎？它講的是**在人際交往中，要懂得把握好一個度，超過這個度，人際關係就有可能**

走向反面。

毋庸置疑，經營任何一段關係，無論親疏遠近，都需要我們守住交往的邊界。

在《撒哈拉的故事》裡，三毛講述過一段她與鄰居們的故事。三毛定居撒哈拉後，儘管和當地居民的生活習慣不同，但三毛和荷西在為人處世上既大方又和氣，很快就和周圍的鄰居們熟絡了起來。自第一次到鄰居家作客後，三毛便開始教當地的女人用水拖地，但此後，三毛的水桶和拖把便再也輪不到她自己使用，總是被鄰居們借去，直到黃昏才歸還。

日子久了，鄰居們了解了三毛的生活方式，也喜歡三毛日常所用的一些東西，便會經常來借她的東西。每天早晨，來「借」東西的孩子絡繹不絕，一只燈泡、一顆洋蔥、一瓶汽油、棉花、吹風機，都是一些三毛家裡有的「小」東西。三毛不「借」，自己心裡過意不去，「借」了，卻又都不被歸還。甚至到後來，只要三毛出門，門口就會有一些孩子向她伸手要錢。這樣的經歷讓三毛深感疲憊，想要逃離。

其實，人與人之間，只有保持彈性的距離，才能相處舒適。關係再好，相處時沒了邊界感，就會像三毛一樣，不堪其擾。

「最好的關係，是親近地保持距離。」的確如此，**任何關係的經營都要適度，不過分遠離，不過度親密，如此才能保持長久**。

保持彈性的欲望，生活順遂

前兩天，刷到了2009年坎城獲獎短片《黑洞》，我才明白沒有節制的欲望會吞噬一個人。短片裡，一個男子站在打印機前打印資料，見打印機沒反應，便不耐煩地踢了打印機一腳，打印機便打印出一張印有一個黑洞的紙張。男人雖然感到奇怪，但也沒有多想，只是將紙放在了旁邊的桌子上，隨後他將喝完水的杯子放在了剛才的紙張上。驚人的一幕發生了，男子發現杯子掉進了紙張上的黑洞裡，更神奇的是，他還能將手伸進黑洞裡，取回掉進去的杯子。

男子先是嘗試利用黑洞紙從售賣機裡取了一塊巧克力，然後他注意到了老闆的保險櫃。他將黑洞紙貼在了保險櫃上，伸手掏出了第一捆鈔票，然後是第二捆、第三捆……直到地上堆了一堆鈔票，他還是不滿足，索性將頭伸進了黑洞裡，慢慢地通過黑洞爬進了保險櫃，只是當他的腳進入保險櫃時，弄掉了櫃門上的黑洞紙，整個人都被鎖進了保險櫃裡，無法出來。

他最初的欲望只是一塊巧克力，然而當理性被欲望蒙蔽後，貪念侵蝕了他的內心，最終他只能自食惡果。

蕭伯納說：「生活中有兩個悲劇。一個是你的欲望得不到滿足，另一個則是你的欲望得到了滿足。」誠然如此，欲望有度，過則成災。

很多時候，真正摧毀一個人的從來不是生活中的困苦，而是欲望的黑洞。我們大多數人的悲哀是在不知不覺中被貪念驅使，進而折騰不息，最終讓自己陷入困境。**若欲望沒有了彈性，人遲早會遭到反噬**。

人生如海上行舟，唯有懂得保持彈性的欲望，才能掌控人生，生活順遂。

保持彈性的認知，選擇多維

思維決定行為。一個人的認知常常在無形中左右著人們的選擇。而只有保持彈性的認知，才能不被生活所局限，也才能有更多的選擇。

心理學上有個概念叫「管窺效應」，講的是如果一個人透過一根管子看東西，那麼他就只能看到管子裡面的東西，看不到管子外面的東西，想要看到外面的世界，唯有放下管子，打開眼界。

一個人的認知如是，唯有放下固有的認知，增強認知彈性，才能看到更多的選擇，擁抱機遇。

不想雞蛋被輕易打碎，最簡單的辦法就是煮熟它，增加它的彈性；不想認知被局限，最快捷的方式就是打破它，尋求新的突破口。富有彈性的認知不僅是治癒生活的良藥，也是掌控未來的鑰匙。當認知的彈性增加，選擇的維度自然也就多了。

＊＊＊

生活中，酸甜苦辣鹹一樣都不會少。很多時候，生活對我們的敲擊不是為了讓我們認命，而是為了讓我們能認清自己，置之死地而後生。就像有句話說：「生命中最偉大的光輝不在於永不墜落，而是墜落後總能再度升起。」

內心有彈性的人總是能觸底反彈。相處有彈性，關係的距離適度，生活便會多一些溫度；欲望有彈性，鬆弛有度，生活便會多一些順遂；認知有彈性，放下故知，生活便會多一些選擇。

願你做一個內心有彈性的人，能適應生活的各種變數。

並在看清生活的真相之後，仍然擁抱它，活出自己的精采。

適時按下人生的控制鍵

周國平先生曾說，人應該有兩個覺悟：一是勇於從零開始，二是坦然於未完成。

人生路長，我們會遇到很多人，經歷很多事。這一路，我們在經歷得失，也在學著取捨。人到中年，時間會幫我們選擇最適合的朋友和關係，而我們也要擁有掌控人生的勇氣，適時按下控制鍵，學會暫停、刪除和重啟，不再顧忌太多，去過自己想要的生活。

暫停

《菜根譚》中有這樣一句話：「一勺水，便具四海水味，世法不必盡嘗；千江月，總是一輪月光，心珠宜當獨朗。」意思是說，人只需一勺水就可知五湖四海水的味道，所以關於世間的人情世事我們未必都要經歷；一千條江面的明月其實是一個，所以我們的心性也要如明月一樣明朗、皎潔。

一個爛蘋果，我們只需要吃一口就可知它是否腐爛，不一定要把它吃完。**人生難得圓滿，處處皆藏遺憾**。不是所有付出都能換來對等的收穫。付出的成本沉沒就沉沒了，與其後悔較勁，不如快刀斬亂麻，及時止損，選另一個賽道或換另一種方式繼續。

泰戈爾說過：「如果你因錯過了太陽而流淚，那麼你也將錯過群星。」歷經世事，希望我們能夠明白，那些已知的失去，就不要再執意去嘗試，非要撞南牆，才懂得回頭。

適時按下人生的暫停鍵，不瞻前顧後，不拖泥帶水，才能接近更圓滿的結局。

刪除

早上七點，畢業十年未聯繫的老同學忽然發訊息噓寒問暖。小婷一頭霧水，直到對方發來介紹保險產品的連結，小婷才恍然大悟。原來，沒有無緣無故的靠近，很多關係都是利益的工具，被暗暗標上了價碼。

「我免費給你做個財務分析，你把收入支出告訴我下，我看看哪個產品適合你！」

「你的條件不能參保，把你老公的體檢報告給我吧，我想辦法幫你申請一下！」

「你看，我們有十幾年的同學情，反正你都是要買保險的，就從我這裡買吧！」

對方一步步追問小婷的身體狀態和收入訊息，使她有種被綁架的感覺，渾身不自在。後來，老同學再發來訊息，她都會關掉微信聊天框。可對方會直接撥來語音電話，「幫」著分析利害，把問題說得很嚴重，讓小婷覺得不買這份保險，就是對家庭不負責。

看到別的朋友發來的截圖，小婷萬萬沒想到，他竟和其他人詆毀自己，說自己窮酸小氣、不講人情，說自己買不起就逃避。看完朋友發的訊息，小婷直接拿出手機，刪除了對方的聯繫方式。不再考慮同學情，這一刻，她異常輕鬆。

看到過這樣一句話：「早已名存實亡的感情，就不要捨不得刪去；凡是讓你不舒服的關係，都沒有必要再去維繫。」

這種太過功利的交往，早已越了界。我們也沒有必要再困在這段關係裡。看到一句話說得很好：「生活應該是不斷做減法的過程，減去不合適的伴侶，減去『道不同』的朋友，減去負能量的情緒，讓生活更簡單、更純粹，才能有更多的空間和餘地給自己。」

人到中年，要試著斷捨離，大膽理清周圍的關係，摒棄不必要的人和事，適時按下人生的刪除鍵，不顧及太多，不彷徨猶豫，才能擁有更多想要的東西。

重啟

現實中，我們都曾有過狼狽地不敢抬頭的時候，都曾被無視、冷眼、被罵、打壓。可如果我們深陷在這些負面壓力裡走不出來，那未來可能就止步於此了。雖然人生的低谷可能會很漫長，也可能會很難熬，但要記得，**在這些痛苦的戳傷之後，要做的不是放棄，而是找到重新站起的勇氣**。

電視劇《去有風的地方》中有一句台詞：「鳥都要去南方過冬，人在感到疲憊和寒冷時，也需要向溫暖的地方流動，尋找幸福的力量、快樂的力量、美好的力量，或者說重新出發的力量。」

重啟是歸零，亦是升級。我們要允許新的生活開啟，要相信自己遠遠比想像中的更加強大。要知道，命運和你開玩笑，並非想讓過去耗盡你所有的嚮往，而是給你機會去選擇新的生活。

適時按下人生的重啟鍵，不自我懷疑，不自暴自棄，才能創造更多可能。

世間紛繁複雜，但路還需要我們自己走。雖然還會遇到溝溝坎坎，但去經歷才會成長，去割捨才會收穫。隨著漸漸成熟，我們終會明白：關係，不是越多越好；犯錯，也並不可怕。重要的是，**有勇氣為自己作主，有魄力去放棄，有膽量去爭取**。然後，依舊樂觀，堅持熱愛，去過自己想要的生活。

後記

在當下這個資訊超載、人際複雜的時代，我們往往容易陷入內耗，我們想要向前看，在紛擾塵世中越活越通透，就需要修煉屏蔽力。

希望你我都能擁有屏蔽力，遵從自己的內心，按照自己的節奏生活，不把精力消耗在不對的人和事上，不被他人的情緒侵染，不被超載訊息所累，不被他人的評價左右，活得獨一而灑脫。當我們心無掛礙，屏蔽一切無謂的干擾，把精力和時間花在對自己最重要的事情上，一切美好都會不期而遇。

感謝青允、呼呼貓媽、禾甜、小魚堡、蕉葉覆鹿、曉曉、小鹿、真水無香、莫蔥蔥、柳一一、Vinca、代連華、冰藍拿鐵、桃幾、簡辛、萱子、十月、之易、天夏、小宇宙、哈利、隨安、墨染、四葉草、若愚、青檏子、然雪蟬、武小五、三碗、小向向、淺居、劉小暢的辛苦付出。

學會不反應

屏蔽那些不重要的事，過不內耗的人生

學會不反應 / 富書作. -- 初版. -- 臺北市 : 春天出版國際文化股份有限公司, 2025.06
面 ; 公分. -- (Better ; 48)
ISBN 978-626-7637-91-3(平裝)
1.CST: 情緒管理 2.CST: 自我實現 3.CST: 生活指導
176.52 114004866

Better 48

作　　者◎富書
總 編 輯◎莊宜勳
主　　編◎鍾靈
出 版 者◎春天出版國際文化股份有限公司
地　　址◎台北市大安區忠孝東路4段303號4樓之1
電　　話◎02-7733-4070
傳　　真◎02-7733-4069
E－mail◎frank.spring@msa.hinet.net
網　　址◎http://www.bookspring.com.tw
部 落 格◎http://blog.pixnet.net/bookspring
郵政帳號◎19705538
戶　　名◎春天出版國際文化股份有限公司
出版日期◎二〇二五年六月初版
定　　價◎340元

總 經 銷◎楨德圖書事業有限公司
地　　址◎新北市新店區中興路2段196號8樓
電　　話◎02-8919-3186
傳　　真◎02-8914-5524
香港總代理◎一代匯集
地　　址◎九龍旺角塘尾道64號 龍駒企業大廈10 B&D室
電　　話◎852-2783-8102
傳　　真◎852-2396-0050

ISBN 978-626-7637-91-3